탁상용
1일 5분
중국어
완전정복

반석출판사
Bansok

1

365

아는 사람을 만났을 때

안녕하세요.

你好。

Nǐ hǎo.

니 하오

안녕하세요.

您好。

Nín hǎo.

닌 하오

안녕하세요. (안녕히 주무셨어요.)

你早。

Nǐ zǎo.

니 자오

어딜 가세요?

去哪儿啊?

Qù nǎr a?

취 날 아

365

 365

입사조건을 설명할 때

이 회사의 입사조건은 어떻게 됩니까?

入公司条件是什么?

Rù gōngsī tiáojiàn shì shénme?

루 꽁쓰 티아오지엔 스 션머

25~30세 이하의 신체 건강한 사람을 구합니다.

本公司找二十五岁以上三十岁以下的身体健康的人员。

Běn gōngsī zhǎo èrshíwǔ suì yǐshàng sānshí suì yǐxia de shēntǐ jiànkāng de rényuán.

뻔 꽁쓰 짜오 얼스우 수이 이상 산스 수이 이시아 더 션티 지엔캉 더 런위엔

고등학교 이상의 학력을 요구합니다.

要求高中以上的学历。

Yāoqiú gāozhōng yǐshàng de xuélì.

이야오치우 까오중 이상 더 쉬에리

이 조건 이외의 다른 조건은 무엇입니까?

除了这些条件以外没有别的吗?

Chúle zhèxiē tiáojiàn yǐwài méiyǒu biéde ma?

추러 쩌시에 티아오지엔 이와이 메이여우 비에더 마

해외 경험을 필요로 합니다.

必需有海外经验。

Bìxū yǒu hǎiwài jīngyàn.

삐쉬 여우 하이와이 징이엔

2

365

안녕 · 건강에 대한 인사

요즘 어떻게 지내세요?
最近怎么样?
Zuìjìn zěnmeyàng?
쭈이진 쩐머양

잘 지내세요?
还好吗?
Hái hǎo ma?
하이 하오 마

예, 잘 지냅니다.
不错，挺好的。
Búcuò, tǐng hǎo de.
부춰 팅 하오 더

건강하세요?
你身体好吗?
Nǐ shēntǐ hǎo ma?
니 션티 하오 마

별로 편하지 못합니다.
不太舒服。
Bútài shūfu.
부타이 수푸

364

365

응모자를 면접할 때

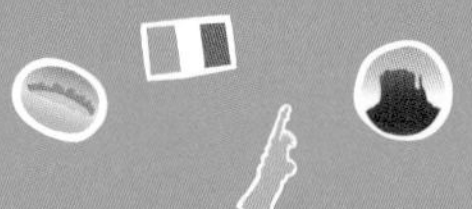

면접을 보러 왔는데요.

我来面试。

Wǒ lái miànshì.

워 라이 미엔스

면접번호 107번입니다.

面试号码是107号。

Miànshì hàomǎ shì yāo líng qī hào.

미엔스 하오마 스 이야오 링 치 하오

이 회사에 지원하게 된 동기는 무엇입니까?

你为什么志愿本公司?

Nǐ wèishénme zhìyuàn běn gōngsī?

니 웨이션머 즈위엔 뻔 꽁쓰

어느 부서에서 일하고 싶습니까?

你想在哪一科工作呢?

Nǐ xiǎng zài nǎ yì kē gōngzuò ne?

니 시앙 짜이 나 이 커 꽁쭈어 너

저는 영업부에서 일하고 싶습니다.

我想在营业部工作。

Wǒ xiǎng zài yíngyèbù gōngzuò.

워 시앙 짜이 잉이에뿌 꽁쭈어

3

365

오랜만에 만났을 때

오랜만입니다.

好久不见了。

Hǎojiǔ bú jiàn le.

하오지우 부지엔 러

여전하군요.

你一点没变啊。

Nǐ yìdiǎn méi biàn a.

니 이디엔 메이 삐엔 아

오랜만이군요. 어떻게 지내세요?

好久不见，过得怎么样？

Hǎojiǔ bú jiàn, guò de zěnmeyàng?

하오지우 부지엔, 꿔더 쩐머양

못 알아보게 변했군요.

都快认不出你了。

Dōu kuài rén bù chū nǐ le.

떠우 콰이 런 뿌 추 니 러

오랫동안 만나 뵙지 못했네요.

好久没有见面。

Hǎojiǔ méiyou jiànmiàn.

하오지우 메이여우 지엔미엔

363

365

면접을 받을 때

우리 회사에 취직이 된다면 어떤 사람이 되겠습니까?

如果你进我们公司的话，想当怎样的人呢?

Rúguǒ nǐ jìn wǒmen gōngsī de huà, xiǎng dāng zěnyàng de rén ne?

루구어 니 진 워먼 꽁쓰 더 화, 시앙 땅 쩐양 더 런 너

저는 회사에 꼭 필요한 사람이 되겠습니다.

我一定成为本公司需要的人员。

Wǒ yídìng chéngwéi běn gōngsī xūyào de rényuán.

워 이띵 청웨이 뻔 꽁쓰 쉬이야오 더 런위엔

저를 채용하신다면 회사에 많은 도움이 될 것입니다.

采用我，对贵公司有很多好处。

Cǎiyòng wǒ, duì guì gōngsī yǒu hěn duō hǎochu.

차이용 워, 뚜이 꾸이 꽁쓰 여우 헌 뚜어 하오추

마지막으로 하고 싶은 말은 무엇입니까?

请说最后一句话。

Qǐng shuō zuìhòu yí jù huà.

칭 슈어 쭈이호우 이 쥐 화

성실히 최선을 다해 일하겠습니다.

我一定会诚实，尽力工作。

Wǒ yídìng huì chéngshí, jìnlì gōngzuò.

워 이띵 후이 청스, 진리 꽁쭈어

4

365

안부 인사를 할 때

가족 모두 안녕하신가요?

你家里人都好吗?

Nǐ jiāli rén dōu hǎo ma?

니 지아리 런 떠우 하오 마

부인께서도 안녕하시죠?

你的愛人也好吧?

Nǐ de àiren yě hǎo ba?

니 더 아이런 이에 하오 바

당신의 아이는 어때요?

你的孩子怎么样?

Nǐ de háizi zěnmeyàng?

니 더 하이즈 쩐머양

362

365

구인광고를 보고 응모할 때

찾아봤어?
找到了没有?
Zhǎodào le méiyou?
짜오따오 러 메이여우

신문에서 나에게 적합한 구인광고를 찾았다.
我在报纸上找到了适合我的招聘广告。
Wǒ zài bàozhǐ shang zhǎo dào le shì hé wǒ de zhāopìn guǎnggào.
워 짜이 빠오즈 샹 짜오 따오 러 스흐어 워 더 짜오핀 꾸왕까오

제가 가져가야 할 서류는 어떤 것입니까?
我该拿走的文件是哪一个?
Wǒ gāi ná zǒu de wénjiàn shì nǎ yí ge?
워 까이 나 쪼우 더 원지엔 스 나 이 거

이력서와 사진 2매를 제출해야 합니다.
交出履歷书和两张照片。
Jiāochū lǚlìshū hé liǎng zhāng zhàopiàn.
지아오추 뤼슈 흐어 리앙 짱 짜오피엔

저에게 맞는 구인광고는 있습니까?
有没有对我合适的招聘广告?
Yǒuméiyou duì wǒ héshì de zhāopìn guǎnggào?
여우메이여우 뚜이 워 흐어스 더 짜오핀 꾸왕까오

5

365

처음 만났을 때

제 소개부터 하겠습니다.

我先自我介绍一下。

Wǒ xiān zì wǒ jièshào yíxià.

워 시엔 쯔 워 지에샤오 이시아

처음 뵙겠습니다. 잘 부탁합니다.

初次见面请多关照。

Chūcì jiànmiàn qǐng duō guānzhào.

추츠 지엔미엔 칭 뚜오 꾸안자오

저야말로 잘 부탁드립니다.

我请您多关照。

Wǒ qǐng nín duō guānzhào.

워 칭 닌 뚜오 꾸안자오

만나서 반가워요.

见到你很高兴。

Jiàndào nǐ hěn gāoxìng.

지엔따오 니 헌 까오싱

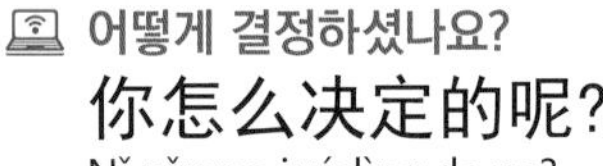

361

365

퇴직에 대해서

어떻게 결정하셨나요?

你怎么决定的呢?

Nǐ zěnme juédìng de ne?

니 쩐머 쥐에띵 더 너

그만두기로 결심했어요.

我决定不干。

Wǒ juédìng bú gàn.

워 쥐에띵 부 깐

한국 회사의 퇴직연령은 어떻게 됩니까?

韩国公司的退休年龄是多大?

Hánguó gōngsī de tuìxiū niánlíng shì duō dà?

한구어 꽁쓰 더 투이시우 니엔링 스 뚜어 따

대부분 회사의 퇴직연령은 65세입니다.

一般公司的退休年龄是六十五岁。

Yìbān gōngsī de tuìxiū niánlíng shì liùshíwu suì.

이빤 꽁쓰 더 투이시우 니엔링 스 리우스우 수이

요즘 퇴직연령이 낮아진다던데?

最近退休年龄越来越低，真的吗?

Zuìjìn tuìxiū niánlíng yuèláiyuè dī, zhēnde ma?

쭈이진 투이시우 니엔링 위에라이위에 띠, 쩐더 마

이름을 묻고 답할 때

성함이 어떻게 되십니까?

您贵姓？

Nín guì xìng?

닌 꾸이 씽

당신의 이름은 무엇입니까?

你的名字是什么？

Nǐ de míngzi shì shénme?

니 더 밍쯔 스 션머

존함을 여쭤도 되겠습니까?

请问你的尊姓大名？

Qǐngwèn nǐ de zūnxìng dàmíng?

칭원 니 더 쭌싱 따밍

저는 장군이라고 합니다.

我叫张军。

Wǒ jiào Zhāng Jūn.

워 지아오 장 쥔

저는 성이 왕이고, 왕력이라고 합니다.

我姓王，叫王力。

Wǒ xìng Wáng, jiào Wáng lì.

워 씽 왕, 지아오 왕 리

360

365

해고에 대해서

이상하네, 오늘 회사에서 그가 안 보이네요.
奇怪，今天在公司里怎么见不他呢。
Qíguài, jīntiān zài gōngsī lǐ zěnme jiàn bú tā ne.
치꾸아이, 진티엔 짜이 꽁쓰 리 쩐머 지엔 부 타 너

그는 해고됐어요.
他被解雇了。
Tā bèi jiěgù le.
타 뻬이 지에꾸 러

너 요즘 무슨 고민 있니?
你最近有什么事吗?
Nǐ zuìjìn yǒu shénme shì ma?
니 쭈이진 여우 션머 스 마

나는 2년 동안 세 군데에서 해고당했다.
我这两年里，被三个公司解雇了。
Wǒ zhè liǎng nián lǐ, bèi sān ge gōngsī jiěgù le.
워 쩌 리앙 니엔 리, 뻬이 산 거 꽁쓰 지에꾸 러

어제 너 친구랑 술을 많이 마셨던데….
听说你昨天跟朋友喝了很多酒。
Tīngshuō nǐ zuótiān gēn péngyou hēle hěn duō jiǔ.
팅슈어 니 쭈어티엔 껀 펑여우 흐어러 헌 뚜어 지우

7

365

자신에 대해 소개할 때

제 소개를 할까요?
我能介绍自己吗？
Wǒ néng jièshào zìjǐ ma?
워 넝 지에샤오 쯔지 마

제 소개를 하겠습니다.
我介绍一下自己。
Wǒ jièshào yíxià zìjǐ.
워 지에샤오 이시아 쯔지

저희 집은 대(소)가족입니다.
我家是个大（小）家族。
Wǒ jiā shì ge dà (xiǎo) jiāzú.
워 지아 스 거 따 (시아오) 지아주

저는 부모님과 함께 살고 있습니다.
我跟父母一起过。
Wǒ gēn fùmǔ yìqǐ guò.
워 껀 푸무 이치 꿔

전 독자입니다.
我是个独生子。
Wǒ shì ge dúshēngzǐ.
워 스 거 두셩즈

359

 365

승진에 대해서

내년에는 승진하시길 바랍니다.
祝愿你明年高升。
Zhùyuàn nǐ míngnián gāoshēng.
쭈위엔 니 밍니엔 까오셩

감사합니다.
谢谢你。
Xièxie nǐ.
씨에시에 니

이번 승진시험에 합격했습니까?
这次升级考试考上了吗?
Zhècì shēngjí kǎoshì kǎoshàng le ma?
쩌츠 셩지 카오스 카오샹 러 마

저 부장으로 승진했습니다.
我提升为部长。
Wǒ tíshēng wèi bùzhǎng.
워 티셩 웨이 뿌쟝

그 사람 어떻게 빨리 승진했지?
他怎么提升得那么快?
Tā zěnme tíshēng de nàme kuài?
타 쩐머 티셩 더 나머 쿠와이

8

365

서로에 대해 알고 싶을 때

우리 좋은 친구가 되었으면 합니다.
希望我们能够成为好朋友。
Xīwàng wǒmen nénggòu chéngwéi hǎo péngyou.
시왕 워먼 넝꺼우 청웨이 하오 펑여우

명함 한 장 주시겠어요?
能给我一张名片吗?
Néng gěi wǒ yì zhāng míngpiàn ma?
넝 게이 워 이 쨩 밍피엔 마

이건 제 명함입니다.
这是我的名片。
Zhè shì wǒ de míngpiàn.
쩌 스 워 더 밍피엔

만나서 매우 반가웠습니다.
见到您太高兴了。
Jiàndào nín tài gāoxìng le.
지엔따오 닌 타이 까오씽 러

어디에서 오셨습니까?
您从什么地方来?
Nín cóng shénme dìfang lái?
닌 총 션머 띠팡 라이

358

365

일에 몰두할 때

그녀에게 얘기했어?

告诉她了没有?

Gàosu tā le méiyou?

까우수 타 러 메이여우

그녀는 일에 몰두해 있어서 내가 부르는 소리를 듣지 못했다.

她集中处理自己的事儿，连我叫的声音都听不见。

Tā jízhōng chǔlǐ zìjǐ de shìr, lián wǒ jiào de shēngyīn dōu tīng bú jiàn.

타 지중 추리 쯔지 더 설, 리엔 워 지아오 더 셩인 또우 팅 부 지엔

가장 집중력이 필요할 때는 일을 할 때이다.

最需要集中力的时间就是办事的时候。

Zuì xūyào jízhōnglì de shíjiān jiùshì bànshì de shíhou.

쭈이 쉬이야오 지중리 더 스지엔 지우스 빤스 더 스호우

그는 밥 먹을 시간도 없이 아침부터 저녁까지 일만 합니다.

他从早到晚工作，连吃饭的时间都没有。

Tā cóng zǎo dào wǎn gōngzuò, lián chīfàn de shíjiān dōu méiyou.

타 총 짜오 따오 완 꽁쭈어, 리엔 츠판 더 스지엔 또우 메이여우

너무 일에 매달려 있으니 안쓰러워 보이네요.

看他一整天做事，真可怜呢。

Kàn tā yì zhěngtiān zuò shì, zhēn kělián ne.

칸 타 이 쩡티엔 쭈어 스, 쩐 커리엔 너

9

 365

자리를 뜨거나 헤어질 때

먼저 실례하겠습니다.
我先告辞了。
Wǒ xiān gàocí le.
워 시엔 까오츠 러

먼저 가 보겠습니다.
我先回去了。
Wǒ xiān huíqù le.
워 시엔 훼이취 러

저는 이만 실례하겠습니다.
我马上要回去了!
Wǒ mǎshàng yào huíqù le!
워 마샹 야오 훼이취 러

이만 일어서겠습니다.
我先失陪了。
Wǒ xiān shīpéi le.
워 시엔 스페이 러

357

365

직장에서의 평가

그는 문서 처리를 정말 잘하죠?

他把文件处理得特别好，是不是?

Tā bǎ wénjiàn chǔlǐ de tèbié hǎo, shìbushì?

타 바 원지엔 추리 더 트어비에 하오, 스부스

그 사람은 회사에서 꼭 필요한 사람입니다.

他是在公司里必须的人员。

Tā shì zài gōngsī lǐ bìxū de rényuán.

타 스 짜이 꽁쓰 리 삐쉬 더 런위엔

오늘 좋아 보이는데요?

今天有什么好事吗?

Jīntiān yǒu shénme hǎo shì ma?

진티엔 여우 션머 하오 스 마

오늘 아침에 사장님이 일을 잘한다고 칭찬하셨습니다.

今天早上，老板称赞我把事情处理得很好。

Jīntiān zǎoshang, lǎobǎn chēngzàn wǒ bǎ shìqíng chǔlǐ de hěn hǎo.

진티엔 짜오셩, 라오빤 청짠 워 바 스칭 추리 더 헌 하오

10

365

떠나는 사람에게

조심히 가세요.
请慢走。
Qǐng màn zǒu.
칭 만 저우

시간이 있으면 자주 오세요.
有空常来。
Yǒu kōng cháng lái.
여우 콩 창 라이

시간이 있으면 놀러 오세요.
有时间过来玩。
Yǒu shíjiān guòlái wán.
여우 스지엔 꿔라이 완

도착하면 편지 주세요.
到了以后给我来封信。
Dàole yǐhòu gěi wǒ lái fēng xìn.
따오러 이허우 께이 워 라이 펑 씬

성공을 빌겠습니다.
祝你成功。
Zhù nǐ chénggōng.
쭈 니 청꿍

356

365

클레임에 대해 대응할 때

이 제품이 고장 났어요.
这制品出毛病了。
Zhè zhìpǐn chū máobìng le.
쩌 즈핀 추 마오삥 러

즉각 조치하겠습니다.
马上会处理的。
Mǎshàng huì chǔlǐ de.
마샹 후이 추리 더

저는 이 회사와 거래를 끊겠습니다.
我不想再跟这公司交易。
Wǒ bùxiǎng zài gēn zhè gōngsī jiāoyì.
워 뿌시앙 짜이 껀 쩌 꽁쓰 지아오이

다시 한번 생각해 주십시오, 노력하겠습니다.
再好好儿考虑一下，我们会努力的。
Zài hǎohāor kǎolǜ yíxià, wǒmen huì nǔlì de.
짜이 하오할 카오뤼 이시아, 워먼 후이 눌리더

구체적인 사항을 말씀해 주십시오.
请给我们说具体的情况。
Qǐng gěi wǒmen shuō jùtǐ de qíngkuàng.
칭 게이 워먼 슈어 쥐티 더 칭쿠왕

11

365

전화·연락 등을 바랄 때

가끔 전화 주세요.
请常来电话。
Qǐng cháng lái diànhuà.
칭 창 라이 띠엔화

얘기 즐거웠어요.
跟你谈话真愉快。
Gēn nǐ tánhuà zhēn yúkuài.
껀 니 탄화 쩐 위콰이

조만간에 또 놀러 오세요.
请您找机会再来。
Qǐng nín zhǎo jīhuì zài lái.
칭 닌 자오 지후이 짜이 라이

나중에 저희 집으로 초대하고 싶은데요.
我想请您到我家做客。
Wǒ xiǎng qǐng nín dào wǒ jiā zuòkè.
워 시앙 칭 닌 따오 워 지아 쭤커

종종 연락할게요.
我会常跟您联系。
Wǒ huì cháng gēn nín liánxì.
워 후이 창 껀 닌 리엔씨

355

365

클레임을 제기할 때

불량품이 있어서 주문을 취소하겠습니다.

因为有不良制品，我们取消你们的制品。

Yīnwèi yǒu bùliáng zhìpǐn, wǒmen qǔxiaō nǐmen de zhìpǐn.

인웨이 여우 뿌리앙 제핀, 워먼 취시아오 니먼 더 즈핀

제품에 대해 조치를 취해 주지 않으면 더 이상 거래를 하지 않겠습니다.

对你们的商品没有什么处理，再不要跟你们交易。

Duì nǐmen de shāngpǐn méiyou shénme chǔlǐ, zài búyào gēn nǐmen jiāoyì.

뚜이 니먼 더 샹핀 메이여우 션머 추리,짜이 부이야오 껀 니먼 지아오이

저희는 이 물품들을 반송하기로 결정하였습니다.

我们决定送还这些货品。

Wǒmen juédìng sònghuán zhèxiē huòpǐn.

워먼 쥐에띵 쏭후안 쩌시에 후어핀

계약 내용과 제품의 차이가 커서 물품을 받아들일 수 없습니다.

这些制品跟合同的内容有差异，我们不能接收物品。

Zhèxiē zhìpǐn gēn hétóng de nèiróng yǒu chàyì, wǒmen bùnéng jiēshòu wùpǐn.

쩌시에 지핀 껀 흐어통 더 네이롱 여우 차이, 워먼 뿌넝 지에쇼우 우핀

12

365

안부를 전할 때

당신 가족에게 제 안부를 전해 주세요.
请给你的家人带个好。
Qǐng gěi nǐ de jiārén dài ge hǎo.
칭 게이 니 더 지아런 따이 거 하오

아무쪼록 가족들에게 안부를 부탁합니다.
拜托您给您的家人带个好。
Bàituō nín gěi nín de jiārén dài ge hǎo.
바이퉈 닌 게이 닌 더 지아런 따이 거 하오

어머님께 안부를 전해 주세요.
向你母亲问好。
Xiàng nǐ mǔqīn wènhǎo.
시앙 니 무친 원하오

당신 아내에게 안부를 전해 주세요.
请给您夫人带个好。
Qǐng gěi nín fūrén dài ge hǎo.
칭 게이 닌 푸런 따이 거 하오

354

365

문의를 할 때

이 제품의 효능은 어떻습니까?

这种制品的效力怎么样?

Zhè zhǒng zhìpǐn de xiàolì zěnmeyàng?

쩌 종 즈핀 더 시아오리 쩐머이양

제품에 대해 문의할 것이 있습니다.

我对你们的商品有几个问题。

Wǒ duì nǐmen de shāngpǐn yǒu jǐ ge wèntí.

워 뚜이 니먼 더 샹핀 여우 지 거 원티

모두 합법적인 제품들이겠죠?

都是合法制作的商品吧?

Dōushì héfǎ zhìzuò de shāngpǐn ba?

또우스 흐어파 즈쭈어 더 샹핀 바

제품 사진과 설명서를 이메일로 보내 주실 수 있습니까?

你们可以把制品的照片和说明书用电子邮件寄给我们吗?

Nǐmen kěyǐ bǎ zhìpǐn de zhàopiàn hé shuōmíngshū yòng diànzi yóujiàn jì gěi wǒmen ma?

니먼 커이 바 즈핀 더 짜오피엔 흐어 슈어밍슈 용 띠엔즈 여우지엔 지 게이 워먼 마

13

365

고마움을 나타낼 때

감사합니다.

谢谢!

Xièxie!

씨에시에

대단히 감사합니다.

非常感谢。

Fēicháng gǎnxiè.

페이창 깐씨에

도와주셔서 고맙습니다.

很感谢你对我的帮助。

Hěn gǎnxiè nǐ duì wǒ de bāngzhù.

헌 깐씨에 니 뚜이 워 더 빵주

수고하셨습니다.

您辛苦了。

Nín xīnkǔ le.

닌 씬쿠 러

353

365

계약을 할 때

당신이 보기에 문제가 없으면 여기에 서명하세요.

您要是觉得没问题，就请在这儿签名。

Nín yàoshi juédé méi wèntí, jiù qǐng zài zhèr qiānmíng.

닌 이야오스 쥐에더 메이 원티, 지우 칭 짜이 쩔 치엔밍

서명한 후에는 쌍방이 모두 엄격히 계약을 이행해야 합니다.

签署后，双方必须严格履行合同。

Qiānshǔ hòu, shuāngfāng bìxū yángé lǚxíng hétóng.

치엔슈 호우, 슈왕팡 삐쉬 이엔거 뤼싱 흐어통

제가 더 검토할 사항은 무엇입니까?

有再检查的项目吗？

Yǒu zài jiǎnchá de xiàngmù ma?

여우 짜이 지엔차 더 시앙무 마

빠진 부분이 있지 않나 계약서를 자세히 보세요.

请您仔细审核一下合同书，看看有没有遗漏的地方。

Qǐng nín zǐxì shěnhé yíxià hétóngshū, kànkan yǒuméiyou yílòu de dìfang.

칭 닌 쯔시 션흐어 이시아 흐어통슈, 칸칸 여우메이여우 이로우 더 띠팡

14

365

감사 표시에 대한 응답

별말씀을 다 하십니다.

不用客气。

Búyòng kèqi.

뿌용 커치

감사할 필요까지야.

不用谢。

Búyòng xiè.

뿌용 씨에

천만의 말씀입니다.

哪里哪里。

Nǎlǐ nǎlǐ.

나리 나리

그러실 필요까지 없습니다.

你太见外了。

Nǐ tài jiànwài le.

니 타이 지엔와이 러

괘념치 마십시오.

请不要张罗。

Qǐng búyào zhāngluo.

칭 부야오 장루어

352

365

가격과 조건의 교섭

계약금만 걸고 제품을 받아 볼 수 있습니까?

给押金以后，可以首先收货吗?

Gěi yājīn yǐhòu, kěyǐ shǒuxiān shōuhuò ma?

게이 이야진 이호우, 커이 쇼우시엔 쇼우후어 마

우리는 먼저 당신이 지불능력이 있는지 검토해야 합니다.

我们得检讨你有没有支付能力。

Wǒmen děi jiǎntǎo nǐ yǒuméiyou zhīfù nénglì.

워먼 데이 지엔타오 니 여우메이여우 즈푸 넝리

당신들이 제시한 가격은 약간 높은 편입니다.

你们提出的价格有些偏高。

Nǐmen tíchū de jiàgé yǒuxiē piān gāo.

니먼 티추 더 지아꺼 여우시에 피엔 까오

부족한 부분은 제가 보태겠습니다. 이번 기회에 사 놓으세요.

不足的部分我给你添，你还是趁机买下来吧。

Bù zú de bùfēn wǒ gěi nǐ tiān, nǐ háishi chènjī mǎi xiàlái ba.

뿌 주 더 뿌펀 워 게이 니 티엔, 니 하이스 천지 마이 시아라이바

가격이 좀 비싼 편이 아닌가요?

价钱不是贵一点儿的吗?

Jiàqián búshì guì yìdiǎnr de ma?

지아치엔 부스 꾸이 이디알 더 마

15

365

사과·사죄할 때 1

미안합니다.
对不起。
Duìbuqǐ.
뚜이부치

정말로 죄송합니다.
实在对不起。
Shízaì duìbuqǐ.
스짜이 뚜이부치

죄송합니다.
很抱歉。
Hěn bàoqiàn.
헌 빠오치엔

폐를 끼쳐 드렸습니다.
给您添麻烦了。
Gěi nín tiān máfan le.
게이 닌 티엔 마판 러

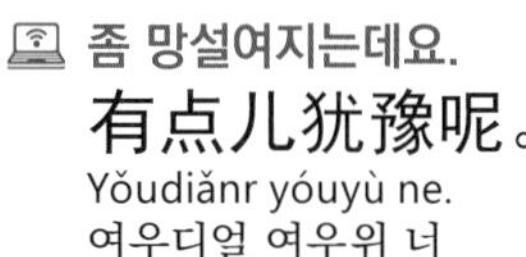

351 – 365

판매에 대응할 때

좀 망설여지는데요.

有点儿犹豫呢。

Yǒudiǎnr yóuyù ne.

여우디얼 여우위 너

여러분의 선택에 절대 후회 안 하실 겁니다.

对于你们的选择，绝不会有后悔的。

Duìyú nǐmen de xuǎnzé, jú búhuì yǒu hòuhuǐ de.

뚜위 니먼 더 쉬엔저, 쥐에 부후이 여우 호우후이 더

다른 회사 제품과도 비교를 해 봐야 할 것 같습니다.

我们要跟其他公司的制品比较。

Wǒmen yào gēn qítā gōngsī de zhìpǐn bǐjiào.

워먼 이야오 껀 치타 꽁쓰 더 즈핀 비지아오

가격과 품질에서 타사 제품보다 우수합니다.

对价钱和质量上，比其他制品特别优秀。

Duì jiàqián hé zhìliàng shang, bǐ qítā zhìpǐn tèbié yoūxiù.

뚜이 지아치엔 흐어 즈리앙 샹, 비 치타 즈핀 트어비에 여우시우

우리는 원칙을 위배하지 않을 것입니다.

我们不会违背自己的原则。

Wǒmen búhuì wéibèi zìjǐ de yuánzé.

워먼 부후이 웨이뻬이 쯔지 더 위엔저

16

365

사과·사죄할 때 2

늦게 와서 죄송합니다.

对不起，我来晚了。

Duìbuqǐ, wǒ lái wǎn le.

뚜이부치, 워 라이 완 러

용서해주십시오.

请您原谅！

Qǐng nín yuánliàng!

칭 닌 위엔량

부디 양해해 주십시오.

请原谅。

Qǐng yuánliàng.

칭 위엔량

제가 잘못했습니다.

是我不对。

Shì wǒ bú duì.

스 워 부 뚜이

오래 기다리게 해서 죄송합니다.

对不起，让您久等了。

Duìbuqǐ, ràng nín jiǔ děng le.

뚜이부치, 랑 닌 지우 떵 러

350

365

제품을 권할 때

이 제품에는 어떤 성분이 들어 있습니까?

这商品含有哪些成分?

Zhè shāngpǐn hányǒu nǎxiē chéngfēn?

쩌 샹핀 한여우 나시에 청펀

이 제품은 몸에 좋은 성분이 다량 함유되어 있습니다.

这商品包含着对身体有益的成分。

Zhè shāngpǐn bāohánzhe duì shēntǐ yǒuyì de chéngfēn.

쩌 샹핀 빠오한저 뚜이 션티 여우이 더 청펀

손님들의 취향에 꼭 맞을 겁니다.

正合适客人的口味。

Zhèng héshì kèrén de koǔwèi.

청 흐어스 커런 더 코우웨이

제품에 이상이 있으면 어떡하죠?

如果商品有异常怎么办?

Rúguǒ shāngpǐn yǒu yìcháng zěnmebàn?

루구어 샹핀 여우 이창 쩐머빤

상품에 이상이 있으면 3일 내에 교환해 드립니다.

对有毛病的制品，三天之内处理交换。

Duì yǒu máobìng de zhìpǐn, sān tiān zhī nèi chǔlǐ jiāohuàn.

뚜이 여우 마오삥 더 즈핀, 산 티엔 즈 네이 추리 지아오후안

17

사과·사죄할 때의 응답

괜찮습니다.

没关系。

Méiguānxi.

메이꽌씨

마음에 두지 마십시오.

你不必担心。

Nǐ búbì dānxīn.

니 부비 딴씬

사양하지 마세요.

你不要客气。

Nǐ búyào kèqi.

니 뿌야오 커치

개의치 마세요.

您别介意。

Nín bié jièyì.

닌 비에 지에이

사과하실 필요가 없습니다.

你不用陪礼。

Nǐ búyòng péilǐ.

니 부용 페이리

349

365

제품을 소개할 때

신상품은 어떤 겁니까?
哪一个是新制品?
Nǎ yí ge shì xīnzhìpǐn?
나 이 거 스 신제핀

이 상품이 이번 해 신상품입니다.
这制品就是今年生产的新制品。
Zhè zhìpǐn jiùshì jīnnián shēngchǎn de xīnzhìpǐn.
쩌 즈핀 지우스 진니엔 셩찬 더 신즈핀

품질은 괜찮습니까?
质量好吗?
Zhìliàng hǎo ma?
즈리앙 하오 마

제가 보장할 수 있습니다.
我可以担保。
Wǒ kěyǐ dānbǎo.
워 커이 딴빠오

좀 더 비싼 것은 없나요?
没有贵一点儿的吗?
Méiyou guì yídiǎnr de ma?
메이여우 꾸이 이디얼 더 마

18

365

축하할 때

축하합니다.
祝贺你。
Zhùhè nǐ.
쭈허 니

축하드립니다.
恭喜恭喜。
Gōngxǐ gōngxǐ.
꽁씨 꽁씨

생일 축하합니다.
祝你生日快乐。
Zhù nǐ shēngrì kuàilè.
쭈 니 셩르 콰이러

취직을 축하드립니다!
祝贺你参加工作!
Zhùhè nǐ cānjiā gōngzuò!
쭈허 니 찬지아 꽁쮜

348

365

회사를 소개할 때

저희 회사를 찾아 주셔서 감사합니다.

感谢您访问敝公司。

Gănxiè nín făngwèn bì gōngsī.

간시에 닌 팡원 삐 꽁쓰

아는 분의 소개로 왔습니다.

有人介绍来的。

Yǒurén jièshào lái de.

여우런 지에샤오 라이 더

이것은 회사 소개서입니다. 먼저 한 번 읽어 보시기 바랍니다.

这是我们公司的介绍书，先看一看。

Zhè shì wǒmen gōngsī de jièshàoshū, xiān kànyikàn.

쩌 스 워먼 꽁쓰 더 지에샤오슈, 시엔 칸이칸

경리부는 어디입니까?

会计部在哪儿?

Kuàijìbù zài năr?

쿠와지뿌 짜이 날

제가 안내해 드리겠습니다.

我领您转一转吧。

Wǒ lĭng nín zhuàn yí zhuàn ba.

워 링 닌 쭈안 이 쭈안 바

19

365

행운을 빌 때

행운이 있기를 바랍니다.

祝你好运。

Zhù nǐ hǎoyùn.

쭈 니 하오윈

건강하시기를 빌겠습니다.

祝你身体健康。

Zhù nǐ shēntǐ jiànkāng.

쭈 니 션티 지엔캉

잘 다녀오시기 바랍니다.

祝你一路顺风。

Zhù nǐ yílùshùnfēng.

쭈 니 이루순펑

성공을 빌겠습니다.

祝你成功。

Zhù nǐ chénggōng.

쭈 니 청꿍

좋은 성적을 거두기를 바랍니다.

祝你取得好成绩。

Zhù nǐ qǔdé hǎo chéngjì.

쭈 니 취더 하오 청지

347

365

거래처를 방문할 때

오랜만입니다.

好久不见了。

Hǎojiǔ bújiàn le.

하우지우 부지엔 러

요즘 사업은 어때요?

最近生意怎么样?

Zuìjìn shēngyi zěnmeyàng?

쭈이진 셩이 쩐머이양

안녕하세요. 김 사장입니다. 직함이 어떻게 되시나요?

你好。我是金经理。你的职衔是什么?

Nǐ hǎo. Wǒ shì jīn jīnglǐ. Nǐ de zhíxián shì shénme?

니 하오. 워 스 진 징리. 니더 즈시엔 스 션머

이건 제 명함입니다.

这是我的名片。

Zhè shì wǒ de míngpiàn.

쩌 스 워 더 밍피엔

20

365

새해 인사를 할 때

새해 복 많이 받으세요.

新年快乐。

Xīnnián kuàilè.

씬니엔 콰이러

새해에 즐겁게 보내시기 바랍니다.

祝你新年愉快！

Zhù nǐ xīnnián yúkuài!

주 니 씬니엔 위콰이

새해는 모든 일이 잘되기를 바랍니다!

祝你在新的一年里马到成功！

Zhù nǐ zài xīn de yì nián lǐ mǎ dào chénggōng!

주 니 짜이 씬 더 이 니엔 리 마 따오 청꿍

346

365

인터넷 활용에 대해서

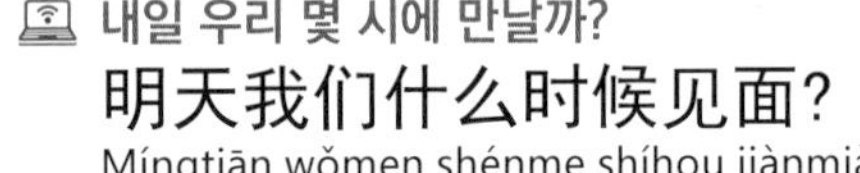

내일 우리 몇 시에 만날까?

明天我们什么时候见面?

Míngtiān wǒmen shénme shíhou jiànmiàn?

밍티엔 워먼 션머 스호우 지엔미엔

내일 오전 10시에 인터넷에서 만나자.

明天上午十点登录，到时见。

Míngtiān shàngwǔ shí diǎn dēnglù, dàoshí jiàn.

밍티엔 샹우 스 디엔 떵루, 따오 스 지엔

난 이미 사이트에 접속했어. 넌?

我已经进入网站了，你呢?

Wǒ yǐjīng jìnrù wǎngzhàn le, nǐ ne?

워 이징 진루 왕짠 러, 니너

자료를 어디서 찾지?

在哪儿找资料呢?

Zài nǎr zhǎo zīliào ne?

짜이 날 짜오 쯔리아오 너

이런 자료들은 인터넷 검색을 통하면 아주 편해.

这些资料借用网络搜索，会很方便的。

Zhèxiē zīliào jiè yòng wǎngluò sōusuǒ, huì hěn fāngbiàn de.

쩌시에 쯔리아오 지에 용 왕루어 소우수어, 후이 헌 팡비엔 더

21

365

초대할 때

함께 저녁식사를 합시다.

一起吃晚饭吧。

Yìqǐ chī wǎnfàn ba.

이치 츠 완판 바

내일 저희 집에 놀러 오세요.

明天请到我家来玩儿吧。

Míngtiān qǐng dào wǒ jiā lái wánr ba.

밍티엔 칭 따오 워 지아 라이 왈 바

저희 집에 놀러 오세요.

请您来我家做客。

Qǐng nín lái wǒ jiā zuòkè.

칭 닌 라이 워 지아 쭤커

점심을 대접하고 싶습니다.

我想请你吃午饭。

Wǒ xiǎng qǐng nǐ chī wǔfàn.

워 시앙 칭 니 츠 우판

345

365

컴퓨터 조작에 대해서

저번에 그가 내 컴퓨터를 고쳐 줬어.

上次他给我修理电脑。

Shàngcì tā gěi wǒ xiūlǐ diànnǎo.

샹츠 타 게이 워 시우리 띠엔나오

그는 컴퓨터 도사야.

他是电脑高手。

Tā shì diànnǎo gāoshǒu.

타 스 띠엔나오 까오소우

이 부분을 잘 모르세요?

你对这部分不清楚，是不是?

Nǐ duì zhè bùfēn bù qīngchu, shìbushì?

니 뚜이 쩌 뿌펀 뿌 칭추, 스부스

컴퓨터를 배운 지 얼마 안 되어서 능숙하지 못해.

刚学电脑没多久，还不熟练。

Gāng xué diànnǎo méi duō jiǔ, hái bù shúliàn.

깡 쉬에 띠엔나오 메이 뚜어 지우, 하이 뿌 슈리엔

외부에 있을 때 자료를 받을 수 있을 것 같은데요.

好像你在外勤的时候才会收到资料。

Hǎoxiàng nǐ zài wàiqín de shíhou cái huì shōudào zīliào.

하오시앙 니 짜이 와이친 더 스호우 차이 후이 쇼우따오 쯔리아오

22

365

초대에 응할 때

좋습니다. 가겠습니다.

好，我愿意去。

Haǒ, wǒ yuànyì qù.

하오, 워 위엔이 취

네, 기꺼이 가겠습니다.

是，我乐意去。

Shì, wǒ lèyì qù.

스, 워 러이 취

기꺼이 방문하겠습니다.

我乐意拜访您。

Wǒ lèyì bàifǎng nín.

워 러이 빠이팡 닌

꼭 갈게.

我肯定去。

Wǒ kěndìng qù.

워 컨딩 취

344

 365

동료와 대화를 나눌 때

당신 상사와의 사이가 어떠세요?

你跟上级的关系怎么样?

Nǐ gēn shàngjí de guānxi zěnmeyàng?

니 껀 샹지 더 꾸안시 쩐머이양

그저 그렇습니다.

还可以。

Hái kěyǐ.

하이 커이

당신의 상사는 어떻습니까?

你的上级是怎么样的人?

Nǐ de shàngjí shì zěnmeyàng de rén?

니 더 샹지 스 쩐머이양 더 런

그는 잔소리가 심해요.

他可愿意罗嗦了。

Tā kě yuànyì luósuō le.

타 커 위엔이 루어수어 러

저는 제 상사를 존경합니다.

我尊重我领导。

Wǒ zūnzhòng wǒ lǐngdǎo.

워 준중 워 링다오

23

365

초대를 거절할 때

죄송합니다만, 다른 약속이 있습니다.

抱歉，我有别的约会。

Bàoqiàn, wǒ yǒu bié de yuēhuì.

빠오치엔, 워 여우 비에 더 위에후이

그날 저는 스케줄이 있습니다.

那天我有个安排。

Nàtiān wǒ yǒu ge ānpái.

나티엔 워 여우 거 안파이

오늘은 너무 바쁩니다.

今天我太忙了。

Jīntiān wǒ tài máng le.

찐티엔 워 타이 망 러

343

365

휴가에 대해서

휴가는 며칠이나 됩니까?

休假休几天?

Xiūjià xiū jǐ tiān?

시우지아 시우 지 티엔

휴가기간은 언제로 정했나요?

休假期间定好了没有?

Xiūjià qījiān dìng hǎo le méiyou?

시주지아 치지엔 띵 하오 러 메이여우

다음 주에 이틀 정도 휴가를 얻고 싶습니다.

下星期，我想休两天假。

Xià xīngqī, wǒ xiǎng xiū liǎng tiān jià.

시아 싱치, 워 시앙 시우 리앙 티엔 지아

이번 휴가는 어디로 가나요?

这次休假要去哪儿?

Zhècì xiūjià yào qù nǎr?

쩌츠 시우지아 이야오 취 날

너무 바빠서 휴가를 가질 여유가 없어요.

现在太忙，没有功夫休假。

Xiànzài tài máng, méiyou gōngfu xiūjià.

시엔짜이 타이 망, 메이여우 꽁푸 시우지아

24

 365

방문지에서

와 주셔서 감사합니다.
欢迎光临。
Huānyíng guānglín.
환잉 꾸앙린

초대해 주셔서 감사합니다.
谢谢您的招待。
Xièxie nín de zhāodài.
씨에시에 닌 더 자오따이

어서 들어오십시오.
快请进吧。
Kuài qǐng jìn ba.
콰이 칭 진 바

이쪽으로 오시죠.
往这边来。
Wǎng zhèbian lái.
왕 저비엔 라이

342

365

출퇴근에 대해서

지금 출근하십니까?

你现在上班吗?

Nǐ xiànzài shàngbān ma?

니 시엔짜이 샹빤 마

출근할 때 무얼 타고 오십니까?

上班的时候坐什么来呢?

Shàngbān de shíhou zuò shénme lái ne?

샹빤 더 스호우 쭈어 션머 라이 너

대개 지하철을 이용해서 출근해요.

通常都用地铁上班。

Tōngcháng dōu yòng dìtiě shàngbān.

통창 또우 용 띠티에 샹빤

출근하는 데 시간이 얼마나 걸려요?

上班需要多长时间?

Shàngbān xūyào duō cháng shíjiān?

샹빤 쉬이야오 뚜어 창 스지엔

30분이면 됩니다.

三十分钟就够了。

Sānshí fēnzhōng jiù gòu le.

산스 펀중 지우 꺼우 러

25

365

대접을 할 때

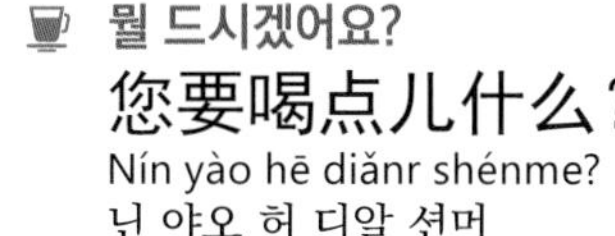

뭘 드시겠어요?

您要喝点儿什么？

Nín yào hē diǎnr shénme?

닌 야오 허 디알 션머

차 드세요.

请喝茶。

Qǐng hē chá.

칭 흐어 차

녹차 한잔 하시겠어요?

要不要来一杯绿茶？

Yào búyào lái yì bēi lǜchá?

야오 부야오 라이 이 뻬이 뤼차

음료수 한잔 가져올까요?

来一杯饮料怎么样？

Lái yì bēi yǐnliào zěnmeyàng?

라이 이 뻬이 인랴오 쩐머양

마음껏 드세요.

多吃一点儿啊。

Duō chī yìdiǎnr a.

뛰 츠 이디알 아

341

365

회의에 대해서

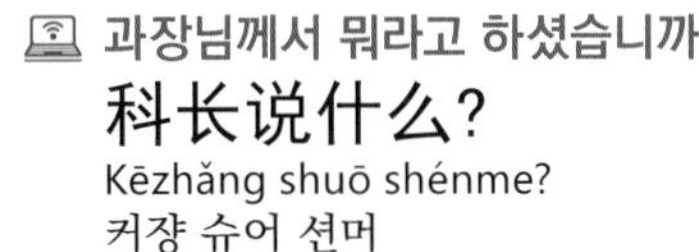

과장님께서 뭐라고 하셨습니까?

科长说什么?

Kēzhǎng shuō shénme?

커쟝 슈어 션머

내일 전체 직원회의를 연다고 합니다.

明天要开全体员工会议。

Míngtiān yào kāi quántǐ yuángōng huìyì.

밍티엔 이야오 카이 취엔티 위엔꽁 후이이

사장님을 만나 뵙고 싶습니다.

我想见老板。

Wǒ xiǎng jiàn lǎobǎn.

워 시앙 지엔 라오빤

지금 중요한 회의 중입니다.

正在开重要的会仪呢。

Zhèngzài kāi zhòngyào de huìyì ne.

쩡짜이 카이 쭝이야오 더 후이이 너

서울 회의에 참석해야 하잖아.

不是还要参加首尔的会议吗。

Búshì hái yào cānjiā Shǒu' ěr de huìyì ma.

부스 하이 이야오 찬지아 쇼우얼 더 후이이 마

26

365

방문을 마칠 때

집에 가야겠습니다.

我该回家了。

Wǒ gāi huíjiā le.

워 까이 후이지아 러

시간을 너무 빼앗고 싶지 않습니다.

我不想占用你太多时间。

Wǒ bùxiǎng zhàn yòng nǐ tài duō shíjiān.

워 뿌시앙 잔 융 니 타이 뛰 스지엔

융숭한 대접에 감사드립니다.

谢谢你的盛情款待。

Xièxie nǐ de shèngqíng kuǎndài.

씨에시에 니 더 셩칭 콴따이

늦었는데 이만 가 봐야겠습니다.

时间不早了，我得告辞了。

Shíjiān bù zǎo le, wǒ děi gàocí le.

스지엔 뿌 짜오 러, 워 떼이 까오츠 러

340

365

도움을 요청할 때

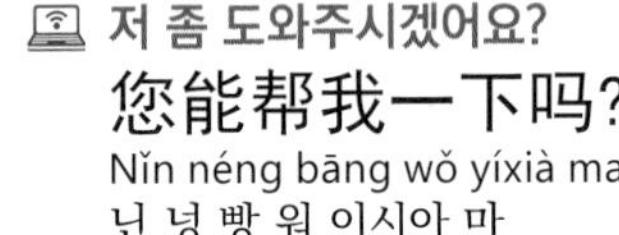

저 좀 도와주시겠어요?

您能帮我一下吗?

Nǐn néng bāng wǒ yíxià ma?

닌 넝 빵 워 이시아 마

어떤 일로 전화하셨어요?

你打电话有什么事?

Nǐ dǎ diànhuà yǒu shénme shì?

니 따 띠엔화 여우 션머 스

당신의 도움이 필요해요.

我需要您的帮助。

Wǒ xūyào nín de bāngzhù.

워 쉬이야오 닌 더 빵쭈

죄송합니다만, 이것을 저기까지 들어 주실 수 있으세요?

对不起, 把这些东西帮我搬到那行吗?

Duìbuqǐ, bǎ zhèxiē dōngxi bāng wǒ bān dào nà xíng ma?

뚜이부치, 바 쩌시에 똥시 빵 워 빤 따오 나 싱 마

무슨 도움을 드릴까요?

我怎么帮你忙呢?

Wǒ zěnme bāng nǐ máng ne?

워 쩐머 빵 니 망 너

27

365

방문을 마치고 떠나는 사람에게

지금 가고 싶나 봐요.

你这就要走。

Nǐ zhè jiù yào zǒu.

니 쩌 지우 야오 저우

좀 더 계시다 가세요.

再多坐一会儿吧。

Zài duō zuò yíhuìr ba.

짜이 뚸 쭤 이후얼 바

그럼, 더 이상 붙들지 않겠습니다.

那我就不在挽留你了。

Nà wǒ jiù bú zài wǎnliú nǐ le.

나 워 지우 부 짜이 완리우 니 러

제가 차로 모셔다 드리겠습니다.

我用车送你吧。

Wǒ yòng chē sòng nǐ ba.

워 융 처 쑹 니 바

아직 이른데 저녁식사를 하고 가세요.

时间还早呢，吃晚饭再走吧。

Shíjiān haí zǎo ne, chī wǎnfàn zài zǒu ba.

스지엔 하이 자오 너, 츠 완판 짜이 저우 바

339

365

일의 진행상황을 점검할 때

제가 뭘 해야 하죠?

我该做什么?

Wǒ gāi zuò shénme?

워 까이 쭈어 션머

진행상황 보고서를 제출하세요.

交出进行情况报告书。

Jiāochū jìnxíng qíngkuàng bàogàoshū.

지아오추 진싱 칭꾸앙 빠오까오슈

일은 좀 순조롭게 진행되어 가지요?

事情还算顺利吧?

Shìqíng hái suàn shùnlì ba?

스칭 하이 수안 순리 마

이번 거래는 어떻게 되어 가고 있는 건가요?

这次交易到底怎么进行呢?

Zhè cì jiāoyì dàodǐ zěnme jìnxíng ne?

쩌츠 지아오이 따오띠 쩐머 진싱 너

오랫동안 소식이 없으니 답답해 죽겠네요.

好久没有联络，闷死我啦。

Hǎojiǔ méiyǒu liánluò, mèn sǐ wǒ la.

하오지우 메이여우 리엔루어, 먼 쓰 워라

28

365

만남을 제의할 때

시간이 있으세요?

您看有时间吗？

Nín kàn yǒu shíjiān ma?

닌 칸 여우 스지엔 마

만나고 싶은데요.

我想与您见面。

Wǒ xiǎng yǔ nín jiànmiàn.

워 시앙 위 닌 지엔미엔

이쪽으로 와 주실 수 없으세요?

您能不能到我这里来？

Nín néngbunéng dào wǒ zhèli lái?

닌 넝부넝 따오 워 쩌리 라이

언제 한번 만나요.

找时间见个面吧。

Zhǎo shíjiān jiàn ge miàn ba.

자오 스지엔 지엔 거 미엔 바

338

365

스케줄을 확인할 때

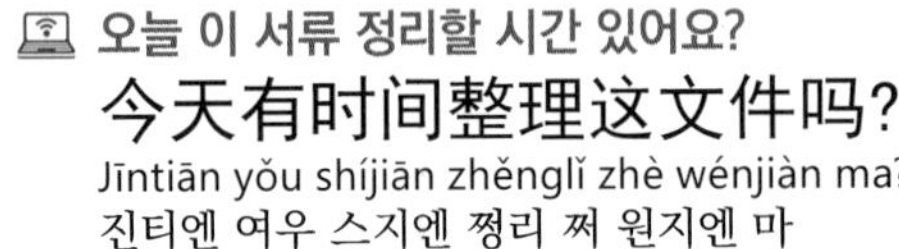

오늘 이 서류 정리할 시간 있어요?

今天有时间整理这文件吗?

Jīntiān yǒu shíjiān zhěnglǐ zhè wénjiàn ma?

진티엔 여우 스지엔 쩡리 쩌 원지엔 마

제가 오늘은 스케줄이 꽉 차 있어요.

今天我的日程排得满满的。

Jīntiān wǒ de rìchéng pái de mǎnman de.

진티엔 워 더 르청 파이 더 만만 더

몇 시로 했으면 좋겠어요?

你说定几点好?

Nǐ shuō dìng jǐ diǎn hǎo?

니 슈어 띵 지 디엔 하오

내일이면 아무 때나 괜찮아요.

明天的话，什么时候都可以。

Míngtiān de huà, shénme shíhou dōu kěyǐ.

밍티엔 더 화, 션머 스호우 또우 커이

29

365

약속 제의에 응답할 때

왜 만나려고 하는데요?
干嘛要见?
Gān má yào jiàn?
깐 마 야오 지엔

무슨 일로 절 만나자는 거죠?
你为什么要见我?
Nǐ wèishénme yào jiàn wǒ?
니 웨이션머 야오 지엔 워

좋아요, 시간 괜찮아요.
好，我有时间。
Hǎo, wǒ yǒu shíjiān.
하오, 워 여우 쓰지엔

이번 주말엔 별다른 계획이 없어요.
这个周末没有别的约会。
Zhège zhōumò méiyou bié de yuēhuì.
쩌거 저우모 메이여우 비에 더 위에후이

미안해요, 제가 오늘 좀 바빠서요.
对不起，今天我有点忙。
Duìbuqǐ, jīntiān wǒ yǒudiǎn máng.
뚜이부치, 찐티엔 워 여우디엔 망

337

365

교환 · 반품 · 환불할 때

이 옷에는 흠집이 있는데, 다른 것으로 바꿔 주세요.

这件衣服有毛病，请给我换一件。

Zhè jiàn yīfu yǒu máobìng, qǐng gěi wǒ huàn yí jiàn.

쩌 지엔 이프 여우 마오삥, 칭 게이 워 후안 이 지엔

깨져 있습니다.

这个被弄破了。

Zhège bèi nòng pò le.

쩌거 뻬이 농 포어 러

이 스커트를 환불받고 싶은데요.

我想退这条裙子。

Wǒ xiǎng tuì zhè tiáo qúnzi.

워 시앙 투이 쩌 티아오 췬즈

불량품인 것 같은데요.

这好像是次品。

Zhè hǎoxiàng shì cìpǐn.

쩌 하오시앙 스 츠핀

여기에 영수증이 있습니다.

收据在这里。

Shōujù zài zhèli.

쇼우쥐 짜이 쩌리

30

365

약속 날짜와 시간을 정할 때

언제 방문하면 좋겠습니까?

什么时候拜访您好呢？

Shénme shíhou bàifǎng nín hǎo ne?

션머 스허우 빠이팡 닌 하오 너

몇 시로 했으면 좋겠어요?

你说定几点好？

Nǐ shuōdìng jǐ diǎn hǎo?

니 쉬딩 지 디엔 하오

몇 시가 편하십니까?

几点钟方便？

Jǐ diǎnzhōng fāngbiàn?

지 디엔중 팡비엔

언제 시간이 나십니까?

您什么时候有空？

Nín shénme shíhou yǒu kòng?

닌 션머 스허우 여우 콩

오전 9시는 어떻습니까?

上午九点怎么样？

Shàngwǔ jiǔ diǎn zěnmeyàng?

샹우 지우 디엔 쩐머양

336

365

포장과 배달

포장을 해 주시겠어요?

可以给包装吗?

Kěyǐ gěi bāozhuàng ma?

커이 게이 빠오쭈앙 마

이거 넣을 수 있는 박스 좀 얻을 수 있을까요?

有能够装上这东西的盒子吗?

Yǒu nénggòu zhuàngshang zhè dōngxi de hézi ma?

여우 넝꺼우 쭈앙샹 쩌 똥시 더 흐어즈 마

이 주소로 이걸 배달해 주시겠어요?

可以送到这个地址吗?

Kěyǐ sòng dào zhège dìzhǐ ma?

커이 쏭 따오 쩌거 띠즈 마

배달에 대한 별도의 요금을 내야 합니까?

送货费要另付吗?

Sònghuòfèi yào lìng fù ma?

쏭후어페이 이야오 링 푸 마

31

365

약속 장소를 정할 때

어디에서 뵐까요?

我们在什么地方见面？

Wǒmen zài shénme dìfang jiànmiàn?

워먼 짜이 션머 띠팡 지엔미엔

장소는 어디가 좋을까요?

在哪儿见面好呢？

Zài nǎr jiànmiàn hǎo ne?

짜이 날 지엔미엔 하오 너

이곳으로 올 수 있습니까?

你能到这里来吗？

Nǐ néng dào zhèlǐ lái ma?

니 넝 따오 쩌리 라이 마

그곳이 좋을 것 같습니다.

我看那个地方好。

Wǒ kàn nàge dìfang hǎo.

워 칸 나꺼 띠팡 하오

네가 장소를 결정해.

你决定地点吧。

Nǐ juédìng dìdiǎn ba.

니 쥐딩 디디엔 바

335

365

백화점을 이용할 때

지금 백화점에서 30% 세일을 하고 있습니다.

现在在百货商店打七折。

Xiànzài zài bǎihuòshāngdiàn dǎ qī zhé.

시엔짜이 짜이 바이후어샹디엔 따 치 저

가격이 비싸긴 하지만 아주 만족스럽습니다.

虽然价格有点儿贵，但很满意。

Suīrán jiàgé yǒudiǎnr guì, dàn hěn mǎnyì.

수이란 지아꺼 여우디얼 꾸이, 딴 헌 만이

듣자하니 그 백화점의 상품이 싸고 좋대요.

听说那家百货店的商品又便宜又好。

Tīngshuō nà jiā bǎihuòdiàn de shāngpǐn yòu piányi yòu hǎo.

팅슈어 나 지아 바이후어디엔 더 샹핀 여우 피엔이 여우 하오

이 바지는 주름이 잡히지 않을 뿐만 아니라 입을 때 느낌이 편해.

这裤子不但(不仅)不起皱而且穿着舒服。

Zhè kùzi búdàn (bùjǐn) bù qǐ zhòu érqiě chuānzhe shūfu.

쩌 쿠즈 부딴 (뿌진) 뿌 치 쪼우 얼치에 추안져 슈프

여기는 모두 정찰제입니다.

这里的价格都是明码标价。

Zhèli de jiàgé dōushì míngmǎ biāojià.

쩌리 더 지아꺼 또우스 밍 마 삐아오지아

32

 365

약속을 연기하거나 취소할 때

날짜를 변경해 주시겠습니까?

请改一下日子，好吗？

Qǐng gǎi yíxià rìzi, hǎo ma?

칭 까이 이시아 르쯔, 하오 마

미안하지만, 오늘 갈 수 없게 되었습니다.

很抱歉，今天我去不了了。

Hěn bàoqiàn, jīntiān wǒ qùbuliǎo le.

헌 빠오치엔, 찐티엔 워 취뿌랴오 러

문제가 좀 생겨서 방문을 할 수 없습니다.

出了些问题，我不能拜访您了。

Chūle xiē wèntí, wǒ bùnéng bàifǎng nín le.

추러 씨에 원티, 워 뿌넝 빠이팡 닌 러

334

365

슈퍼를 이용할 때

칫솔은 어디에 있습니까?
牙刷在哪里?
Yáshuā zài nǎli?
야슈아 짜이 나리

손톱깎이는 있습니까?
有指甲刀吗?
Yǒu zhǐjiādāo ma?
여우 즈지아따오 마

이것과 같은 전지는 있습니까?
有这样的电池吗?
Yǒu zhèyàng de diànchí ma?
여우 쩌이양 더 띠엔츠 마

이 생선은 신선한가요?
这条鱼新鲜吗?
Zhè tiáo yú xīnxiān ma?
쩌 티아오 위 신시엔 마

이것들은 신선해 보이지 않네요.
这些看起来不太新鲜。
Zhèxiē kàn qǐlái bútài xīnxiān.
쩌시에 칸 치라이 부타이 신시엔

33

 365

질문할 때

말 좀 물읍시다.
请问一下。
Qǐngwèn yíxià.
칭원 이시아

질문 하나 있습니다.
我有一个问题。
Wǒ yǒu yí ge wèntí.
워 여우 이 거 원티

사적인 질문을 하나 해도 되겠습니까?
可以问一个私人问题吗？
Kěyǐ wèn yíge sīrén wèntí ma?
커이 원 이거 쓰런 원티 마

당신에게 질문할 것이 많이 있습니다.
我有许多问题问您请教。
Wǒ yǒu xǔduō wèntí wèn nín qǐngjiào.
워 여우 쉬뚸 원티 원 닌 칭지아오

333

365

물건 값을 계산할 때

어디서 계산을 하죠?

在哪里交钱?

Zài nǎli jiāo qián?

짜이 나리 지아오치엔

합계가 얼마입니까?

总共多少钱?

Zǒnggòng duōshao qián?

종꽁 뚜어샤오 치엔

현금으로 지불하시겠습니까, 혹은 카드로 하시겠습니까?

用现金还是用信用卡?

Yòng xiànjīn háishi yòng xìnyòngkǎ?

용 시엔진 하이스 용 신용카

여행자수표를 받습니까?

可以用旅游支票吗?

Kěyǐ yòng lǚyóu zhīpiào ma?

커이 용 뤼여우 즈피아오 마

영수증 좀 끊어 주세요.

给我开个收据吧。

Gěi wǒ kāi ge shōujù ba.

게이 워 카이 거 쇼우쥐 바

34

365

질문에 응대할 때

- 말씀하세요. 무슨 문제인가요?
  您说吧，什么问题？
  Nín shuō ba, shénme wèntí?
  닌 숴 바,　　썬머 원티

- 더 이상 묻지 마세요.
  请不要再问了。
  Qǐng búyào zài wèn le.
  칭 부야오 짜이 원 러

- 답변하고 싶지 않습니다.
  我不想回答。
  Wǒ bùxiǎng huídá.
  워 뿌시앙 훼이따

- 다 말하지 않겠소.
  我不回答。
  Wǒ bù huídá.
  워 뿌 훼이따

- 뭐라고 대답해야 좋을지 모르겠습니다.
  不知道该怎么回答。
  Bù zhīdào gaī zěnme huídá.
  뿌 즈따오 까이 쩐머 훼이따

332

365

물건 값을 흥정할 때

너무 비쌉니다.

太贵了。

Tài guì le.

타이 꾸이 러

깎아 줄래요?

能不能便宜点儿?

Néngbunéng piányi diǎnr?

넝뿌넝 파엔이 디얼

얼마면 되겠습니까?

你想要多少钱的?

Nǐ xiǎng duōshao qián de?

니 시앙 뚜어샤오 치엔 더

더 싼 것은 없습니까?

有没有更便宜的?

Yǒuméiyou gèng piányi de?

여우메이여우 껑 피엔이 더

이건 다른 가게에서 60달러입니다.

这个在别的家都卖60美元。

Zhège zài bié de jiā dōu mài liùshí měiyuán.

쩌거 짜이 비에 더 지아 또우 마이 리우스 메이위엔

35

365

긍정·부정할 때

예
是。/ 对。
Shì. Duì.
스 뚜이

그렇습니다.
是的。/ 是啊。
Shì de. Shì a.
스 더 스 아

당연합니다.
当然了。
Dāngrán le.
땅란 러

아니오.
不。/ 不是。
Bù Búshì
뿌 부스

331

365

물건을 고를 때

그냥 둘러보고 있어요.

我只是逛逛。

Wǒ zhǐshì guāngguang.

워 즈스 꾸앙꾸앙

저걸 보여 주겠어요?

可以给我看那个吗?

Kěyǐ gěi wǒ kàn nàge ma?

커이 게이 워 칸 나거 마

이걸 만져 봐도 됩니까?

这东西可以摸摸吗?

Zhè dōngxi kěyǐ mōmo ma?

쩌 똥시 커이 모어모어 마

몇 가지 더 보여 주시겠어요?

可以再给我看几个别的吗?

Kěyǐ zài gěi wǒ kàn jǐ ge bié de ma?

커이 짜이 게이 워 칸 지 거 비에 더 마

입어 봐도 됩니까?

可以试试吗?

Kěyǐ shìshi ma?

커이 스스 마

36

365

의견이 마음에 들 때

좋습니다.
好。
Hǎo.
하오

좋고 말고요.
可以，可以。
Kěyǐ, kěyǐ.
커이, 커이

저도 그래요.
我也是。
Wǒ yěshì.
워 이에스

네, 맞아요.
对，不错。
Duì, búcuò.
뚜이, 부춰

매우 좋아요.
好极了。
Hǎo jí le.
하오 지 러

330

365

가게를 찾을 때

실례합니다. 백화점은 어디 있습니까?

对不起，请问百货商店在哪里?

Duìbuqǐ, qǐngwèn bǎihuòshāngdiàn zài nǎli?

뚜이부치, 칭원 바이후어샹디엔 짜이 나리

여기서 가장 가까운 편의점은 어디에 있습니까?

离这儿最近的便利店在哪里?

Lí zhèr zuìjìn de biànlìdiàn zài nǎli?

리 쩔 쭈이진 더 삐엔리디엔 짜이 나리

아동복은 어디서 팔죠?

哪儿卖儿童服装?

Nǎr mài értóng fúzhuàng?

날 마이 얼통 푸쭈앙

필름은 어디서 살 수 있습니까?

到哪里可以买到胶卷?

Dào nǎli kěyǐ mǎi dào jiāojuǎn?

따오 나리 커이 마이 따오 지아오쥐엔

37

365

동의·찬성할 때

다른 의견은 없습니다.
我没别的意见。
Wǒ méi bié de yìjiàn.
워 메이 삐에 더 이지엔

동의합니다.
我同意。
Wǒ tóngyì.
워 통이

당신의 의견에 동의합니다.
我同意你的意见。
Wǒ tóngyì nǐ de yìjiàn.
워 통이 니 더 이지엔

전적으로 동의합니다.
我完全同意。
Wǒ wánquán tóngyì.
워 완췐 통이

그 의견에 찬성합니다.
我赞成那意见。
Wǒ zànchéng nà yìjiàn.
워 짠청 나 이지엔

329

 365

금연에 대해서

흡연은 인체에 해롭습니다.
吸烟对人体有害。
Xīyān duì réntǐ yǒu hài.
시이엔 뚜이 런티 여우 하이

금연구역이 점점 늘어나는 추세를 보인다.
表示禁烟地区渐渐增加的趋势。
Biǎoshì jìnyān dìqū jiànjiàn zēngjiā de qūshì.
비아오스 진이엔 띠취 지엔지엔 쩡지아 더 취스

가족들을 위해 금연을 해야 한다.
为了家族，一定要禁烟。
Wèile jiāzǔ, yídìng yào jìnyān.
웨이러 지아주, 이띵 이야오 진이엔

흡연은 폐암의 주요원인 중의 하나이다.
抽烟是生肺癌的主要原因之一。
Chōuyān shì shēng fèi' ái de zhǔyào yuányīn zhī yī.
초우이엔 스 셩 페이아이 더 주이야오 위엔인 즈 이

38

365

반대할 때

저는 잘 이해하지 못하겠습니다.

我不大明白。

Wǒ bú dà míngbai.

워 부 따 밍바이

저는 의견이 있습니다.

我有看法。

Wǒ yǒu kànfǎ.

워 여우 칸파

저는 찬성하지 않습니다.

我不赞成。

Wǒ bú zànchéng.

워 부 짠청

반대합니다.

反对。

Fǎnduì.

판뚜이

저는 동의할 수 없습니다.

我不能同意。

Wǒ bùnéng tóngyì.

워 부넝 통이

328

365

담배에 대해서

당신은 담배를 피웁니까?

你抽烟吗?

Nǐ chōuyān ma?

니 초우이엔 마

여기서 담배를 피워도 됩니까?

在这里可以吸烟吗?

Zài zhèli kěyǐ xīyān ma?

짜이 쩌리 커이 시이엔 마

중국 사람은 담배를 권하는 풍습이 있습니다.

中国人有敬烟的习惯。

Zhōngguóren yǒu jìngyān de xíguàn.

쭝구어런 여우 징이엔 더 시꾸안

불 좀 빌려 주시겠습니까?

请借给我打火机，好吗?

Qǐng jiè gěi wǒ dǎhuǒjī, hǎo ma?

칭 지에 게이 워 따 후어지, 하오 마

담배 한 갑을 사려고 합니다.

我要买一包香烟。

Wǒ yào mǎi yì bāo xiāngyān.

워 이야오 마이 이 빠오 시앙이엔

39

365

맞장구를 칠 때

옳아요. / 그래요.

是的。

Shì de.

스 더

맞아요.

对。

Duì.

뚜이

맞습니다, 그렇습니다.

对了，对了。

Duì le, duì le.

뚜이 러, 뚜이 러

좋아요.

好的。

Hǎo de.

하오 더

327

365

술에 취했을 때

당신 취했군요.

你醉了。

Nǐ zuì le.

니 쭈이 러

약간 취기가 오릅니다.

有点醉意。

Yoǔdiǎn zuìyì.

여우디엔 쭈이이

그는 너무 많이 마셔서 걸을 때도 비틀거립니다.

他喝得太多了，走路也东倒西歪。

Tā hē de tài duō le, zǒulù yě dōng dǎo xī wāi.

타 흐어 더 타이 뚜어 러, 쪼우루 이에 똥 따오 시 와이

필름이 끊기다.

失去知觉。

Shīqù zhījué.

스취 즈쥐에

오늘 술이 안 받는 것 같습니다.

我今天不胜酒力。

Wǒ jīntiān bú shèng jiǔlì.

워 진티엔 부 셩 지우리

40

365

부정의 맞장구

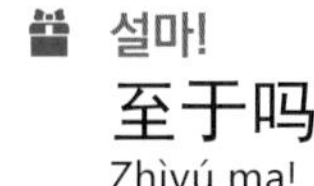

설마!

至于吗!

Zhìyú ma!

즈위 마

안 돼요.

不行。

Bù xíng.

뿌 씽

할 줄 몰라요.

不会。

Bú huì.

부 후이

틀린 것 같아요.

我看不对。

Wǒ kàn bú duì.

워 칸 부 뚜이

그렇지 않을 거예요.

恐怕不是那样。

Kǒngpà búshì nàyàng.

콩파 부스 나양

326

 365

술을 마시면서

건배! 행운을 빕니다!
干杯！祝你幸运！
Gānbēi! Zhù nǐ xìngyùn!
깐뻬이! 쭈 니 싱윈

우리들의 건강을 위해!
为了我们大家的健康！
Wèile wǒmen dàjiā de jiànkāng!
웨이러 워먼 따지아 더 지엔캉

저는 한 잔만 마셔도 얼굴이 빨개져요.
我只要喝一杯就脸红。
Wǒ zhǐyào hē yì bēi jiù liǎnhóng.
워 즈이야오 흐어 이 뻬이 지우 리엔홍

저는 술고래입니다.
我是个大酒鬼。
Wǒ shì ge dà jiǔguǐ.
워 스 거 따 지우꾸이

저는 술을 천천히 마시는 편입니다.
我喝得比较慢。
Wǒ hē de bǐjiào màn.
워 흐어 더 비지아오 만

41

365

되물을 때

뭐라고?

什么?

Shénme?

션머

뭐라고 했지?

说什么来着?

Shuō shénme láizhe?

쉬 션머 라이줘

방금 뭐라고 말씀하셨죠?

你刚才说什么了?

Nǐ gāngcái shuō shénme le?

니 깡차이 쉬 션머 러

뭐라고요?

你说什么?

Nǐ shuō shénme?

니 쉬 션머

325

365

술집에서

와인 메뉴 좀 볼까요?

我可以看一下葡萄酒单子吗?

Wǒ kěyǐ kàn yíxià pútáojiǔ dānzi ma?

워 커이 칸 이시아 푸타오지우 딴즈 마

맥주 두 잔 갖다 주세요.

来两杯啤酒吧。

Lái liǎng bēi píjiǔ ba.

라이 리앙 뻬이 피지우 바

얼음을 타서 주세요.

要带冰的。

Yào dài bīng de.

이야오 따이 삥 더

안주는 무엇이 있습니까?

有什么下酒菜?

Yǒu shénme xià jiǔcài?

여우 션머 시아 지우차이

이제 여기서는 그만 마시고 장소를 바꿉시다.

先喝到这里，咱们换个地方吧。

Xiān hē daò zhèli,　zánmen huàn ge dìfang ba.

시엔 흐어 따오 쩌리, 잔먼 후안 거 띠팡 바

42

365

다시 말해 달라고 할 때

다시 말씀해 주시겠어요?

你能再说一遍吗？

Nǐ néng zài shuō yí biàn ma?

니 넝 짜이 숴 이비엔 마

다시 한번 말씀해 주십시오.

请你再说一遍。

Qǐng nǐ zài shuō yí biàn.

칭 니 짜이 숴 이비엔

미안하지만, 다시 말씀해 주십시오.

不好意思，请再说一遍。

Bùhǎoyìsi, qǐng zài shuō yí biàn.

뿌하오이스, 칭 짜이 숴 이비엔

잘 못 들었어요. 다시 말씀해 주시겠어요?

我听不清楚了，请再说一遍，好吗？

Wǒ tīng bù qīngchu le, qǐng zài shuō yí biàn, hǎo ma?

워 팅 뿌 칭추 러, 칭 짜이 숴 이비엔, 하오 마

324

365

술을 권할 때

한잔합시다.
干一杯。
Gān yì bēi.
깐 이 뻬이

맥주 한 잔 더 하시겠어요?
要不要再来一杯啤酒?
Yàobuyào zài lái yì bēi píjiǔ?
이야오부이야오 짜이 라이 이 뻬이 피지우

제가 한 잔 따라 드리겠습니다.
我倒你一杯。
Wǒ dào nǐ yì bēi.
워 따오 니 이 뻬이

취하도록 마셔 봅시다.
今晚不醉不归。
Jīnwǎn bú zuì bù guī.
진완 부 쭈이 뿌 꾸이

감정이 돈독해졌으니 원샷을 합시다.
感情深，一口闷。
Gǎnqíng shēn, yì kǒu mèn.
간칭 션, 이 커우 먼

43

365

설명을 요구할 때

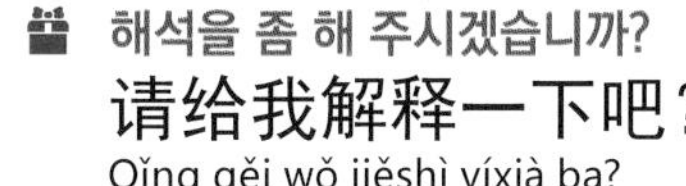

해석을 좀 해 주시겠습니까?

请给我解释一下吧？

Qǐng gěi wǒ jiěshì yíxià ba?

칭 게이 워 지에스 이시아 바

무슨 말인지 전혀 모르겠어요.

全然不知道是什么意思。

Quánrán bù zhīdào shì shénme yìsi.

췐란 뿌 즈다오 스 션머 이쓰

도무지 감이 잡히질 않습니다.

一点儿摸不着头绪。

Yìdiǎnr mōbùzháo tóuxù.

이디알 모부짜오 터우쉬

323

365

술을 마시러 가자고 할 때

술 한잔하시겠어요?

要不要喝一杯?

Yàobuyào hē yì bēi?

이야오부이야오 흐어 이 뻬이

한잔 사고 싶은데요.

我想请你喝酒。

Wǒ xiǎng qǐng nǐ hē jiǔ.

워 시앙 칭 니 흐어 지우

술 마시는 것을 좋아하세요?

喜欢喝酒吗?

Xǐhuan hē jiǔ ma?

시후안 흐어 지우 마

저희 집에 중국의 유명한 술이 있습니다.

我家有中国名酒。

Wǒ jiā yǒu zhōngguó míngjiǔ.

워 지아 여우 쭝구어 밍지우

44

365

이해를 확인할 때

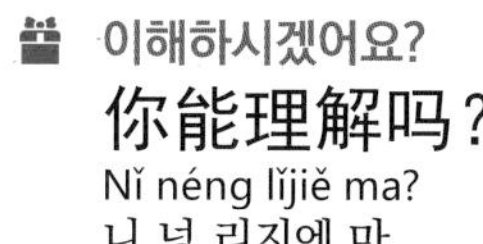

이해하시겠어요?

你能理解吗？

Nǐ néng lǐjiě ma?

니 넝 리지에 마

제가 한 말을 알겠어요?

你明白我说的话吗？

Nǐ míngbai wǒ shuō de huà ma?

니 밍바이 워 숴 더 화 마

제 말 뜻을 이해하시겠어요?

你理解我说的意思吗？

Nǐ lǐjiě wǒ shuō de yìsi ma?

니 리지에 워 숴 더 이쓰 마

무슨 뜻인지 이해하시겠어요?

你能理解是什么意思吗？

Nǐ néng lǐjiě shì shénme yìsi ma?

니 넝 리지에 스 션머 이쓰 마

322

365

식비를 계산할 때

계산서를 주시겠습니까?

可以给我看一下帐单吗?

Kěyǐ gěi wǒ kàn yíxià zhàngdān ma?

커이 게이 워 칸 이시아 짱딴 마

나누어 계산하기로 합시다.

我们各付各的吧。

Wǒmen gè fù gè de ba.

워먼 꺼 푸 꺼 더 바

봉사료는 포함되어 있습니까?

这里包括服务费吗?

Zhèli bāokuò fúwùfèi ma?

쩌리 빠오쿠어 푸우페이 마

거스름돈이 틀립니다.

零钱找错了。

Língqián zhǎo cuò le.

링치엔 짜오 추어 러

카드로 계산해도 되겠습니까?

能用信用卡付钱吗?

Néng yòng xìnyòngkǎ fùqián ma?

넝 용 신용카 푸치엔 마

45

365

이해를 했을 때

이해했어요.

我理解。

Wǒ lǐjiě.

워 리지에

아, 알겠습니다.

哦，明白了。

Ò, míngbai le.

어, 밍빠이 러

아, 무슨 말씀인지 알겠습니다.

啊，我明白是什么意思了。

Ã, wǒ míngbai shì shénme yìsi le.

아, 워 밍빠이 스 션머 이쓰 러

이해가 되는군요.

可以理解。

Kěyǐ lǐjiě.

커이 리지에

와, 그러니까 감이 잡히는군요.

哇，这下我摸到头绪了。

Wā, zhè xià wǒ mō dào tóuxù le.

와, 쩌 시아 워 모따오 터우쉬 러

무엇을 부탁할 때

식탁 좀 치워 주시겠어요?

擦一下桌子好吗?

Cā yíxià zhuōzi hǎo ma?

차 이시아 쭈어즈 하오 마

테이블 위에 물 좀 닦아 주세요.

把桌子上的水擦一擦。

Bǎ zhuōzi shàng de shuǐ cāyicā.

바 쭈어즈 샹 더 슈이 차이차

치즈 좀 더 주시겠어요?

加点乳酪可以吗?

Jiā diǎn rǔlào kěyǐ ma?

지아 디엔 루라오 커이 마

이 접시들 좀 치워 주시겠어요?

可以拿走这些盘子吗?

Kěyǐ ná zǒu zhèxiē pánzi ma?

커이 나 쪼우 쩌시에 판즈 마

지금 디저트를 주문하시겠습니까?

现在上点心吗?

Xiànzài shàng diǎnxīn ma?

시엔짜이 샹 디엔신 마

이해를 못 했을 때

이해가 안 됩니다.
我没法理解。
Wǒ méi fǎ lǐjiě.
워 메이 파 리지에

무슨 말을 하는지 모르겠어요.
我不知你讲的是什么。
Wǒ bù zhī nǐ jiǎng de shì shénme.
워 뿌 즈 니 지앙 더 스 션머

당신 말씀을 이해할 수 없습니다.
我无法理解你的话。
Wǒ wúfǎ lǐjiě nǐ de huà.
워 우파 리지에 니 더 화

이해하기 어렵군요.
很难理解。
Hěn nán lǐjiě.
헌 난 리지에

그건 이해가 안 되는군요.
我无法理解那点。
Wǒ wúfǎ lǐjiě nà diǎn.
워 우파 리지에 나디엔

320

365

주문에 문제가 있을 때

잘못 나온 것 같습니다. 우리는 이 요리를 주문하지 않았습니다.

你搞错了，我们没点这个菜。

Nǐ gǎocuò le, wǒmen méi diǎn zhège cài.

니 까오추어 러, 워먼 메이 디엔 쩌거 차이

죄송합니다. 지금 곧 바꿔 드리겠습니다.

对不起，现在就给您换。

Duìbuqǐ, xiànzài jiù gěi nín huàn.

뚜이부치, 시엔짜이 지우 게이 닌 후안

주문한 요리를 바꾸고 싶은데요.

我想换我们点的菜。

Wǒ xiǎng huàn wǒmen diǎn de cài.

워 시앙 후안 워먼 디엔 더 차이

아직 요리 한 가지가 나오지 않았습니다.

还有一道菜没上。

Háiyǒu yí dào cài méi shàng.

하이여우 이 따오 차이 메이 샹

여기서 웬 이상한 냄새가 납니다.

这里好像有某种怪味。

Zhèli hǎoxiàng yǒu mǒuzhǒng guàiwèi.

쩌리 하오시앙 여우 모종 꾸와이웨이

47

365

제안할 때

우리 돌아가야 하지 않겠어요?

我们是不是该回去了？

Wǒmen shìbushì gaī huíqù le?

워먼 스부스 까이 훼이취 러

지금 출발해야겠어요.

我们得出发了。

Wǒmen děi chūfā le.

워먼 데이 추파 러

제가 도와드릴 일이라도 있나요?

有没有需要我帮忙的？

Yǒuméiyou xūyào wǒ bāngmáng de?

여우메이여우 쉬야오 워 빵망 더

시험삼아 한번 해 봅시다.

那我们就试一试。

Nà wǒmen jiù shìyishì.

나 워먼 지우 스이스

319

365

음식을 주문하면서

무엇을 주문해야 할지 모르겠군요.

不知道点什么好。

Bù zhīdao diǎn shénme hǎo.

뿌 즈따오 디엔 션머 하오

저 사람이 먹고 있는 건 뭡니까?

他们吃的是什么?

Tāmen chī de shì shénme?

타먼 츠 더 스 션머

손님, 주문하시겠습니까?

先生，请您点菜吗?

Xiānsheng, qǐng nín diǎncài ma?

시엔셩, 칭 닌 디엔차이 마

잠시 후에 주문을 받으시겠습니까?

稍后点菜可以吗?

Shāo hòu diǎn cài kěyǐ ma?

샤오 호우 디엔차이 커이 마

정식세트를 주문하겠습니다.

我想点套菜。

Wǒ xiǎng diǎn tào cài.

워 시앙 디엔 타오 차이

48

365

제안을 받아들일 때

좋습니다.

好吧。

Hǎo ba.

하오 바

네, 그렇게 하겠습니다.

好，就那样吧。

Hǎo, jiù nàyàng ba.

하오, 지우 나양 바

그거 좋은 생각이군요.

那想法真不错。

Nà xiǎngfǎ zhēn búcuò.

나 시앙파 쩐 부춰

그거 재미있겠는데요.

肯定会有意思的。

Kěndìng huì yǒu yìsi de.

컨띵 후이 여우 이쓰 더

그거 괜찮겠군요.

那好哇。

Nà hǎo wā.

나 하오 와

318

365

메뉴를 보면서

메뉴판 좀 보여 주세요.

给我看菜单。

Gěi wǒ kàn càidān.

게이 워 칸 차이딴

당신들이 제일 잘하는 요리는 무엇입니까?

你们这儿拿手菜是什么?

Nǐmen zhèr náshǒucài shì shénme?

니먼 쩔 나쇼우차이 스 션머

야채요리에는 어떤 것이 있습니까?

蔬菜有哪些?

Shùcài yǒu nǎxiē?

슈차이 여우 나시에

이 고장의 명물요리가 있습니까?

你们这里有本地名菜吗?

Nǐmen zhèli yǒu běndì míngcài ma?

니먼 쩌리 여우 번띠 밍차이 마

49

365

제안을 거절할 때

그럴 기분이 아닙니다.

我没有心思这么做。

Wǒ méiyou xīnsi zhème zuò.

워 메이여우 씬쓰 쩌머 쭤

그렇게 하지 마세요.

不要那么做。

Búyào nàme zuò.

부야오 나머 쭤

고맙지만, 됐습니다.

谢谢，不用了。

Xièxie, búyòng le.

씨에시에, 부융 러

그럴 생각이 없습니다.

我不想那样。

Wǒ bùxiǎng nàyàng.

워 뿌시앙 나양

다음 기회로 미룰까요?

下次再找机会好不好？

Xiàcì zài zhǎo jīhuì hǎobuhǎo?

시아츠 짜이 자오 지후이 하오부하오

317

 365

식당에 들어서서 자리를 잡을 때

예약하셨어요?
你预定了吗?
Nǐ yùdìng le ma?
니 위띵 러 마

금연석을 부탁합니다.
我要禁烟席。
Wǒ yào jìnyānxì.
워 이야오 진이엔시

세 사람 좌석을 원합니다.
我要三人桌。
Wǒ yào sān rén zhuō.
워 이야오 산 런 쭈어

아, 예, 이쪽으로 오십시오.
啊，是。里边请。
A, shì. Lǐbian qǐng.
아, 스. 리비엔 칭

모두 몇 분이십니까?
你们一共几位，先生?
Nǐmen yígòng jǐ wèi, xiānsheng?
니먼 이꽁 지 웨이, 시엔셩

50

365

권유할 때

앉으십시오.
请坐。
Qǐng zuò.
칭 쭤

들어오십시오.
请进。
Qǐng jìn.
칭 찐

좀 더 드십시오.
请再多吃点儿。
Qǐng zài duō chī diǎnr.
칭 짜이 뚸 츠 디알

식사하며 이야기를 나눌 수 있을까요?
可不可以边吃边谈？
Kěbukěyǐ biān chī biān tán?
커부커이 비엔 츠 비엔 탄

편하실 대로 하십시오.
请随便。
Qǐng suíbiàn.
칭 수이비엔

316

365

식당을 예약할 때

몇 테이블 예약을 원하십니까?
您要预定几桌?
Nín yào yùdìng jǐ zhuō?
닌 이야오 위띵 지 쭈어

예약을 하지 않았는데, 빈 좌석은 있습니까?
我没有预定，有空桌吗?
Wǒ méiyou yùdìng, yǒu kōng zhuō ma?
워 메이여우 위띵, 여우 콩 쭈어 마

두 사람 좌석을 예약하고 싶습니다.
我想订一个双人席。
Wǒ xiǎng dìng yí ge shuāngrénxì.
워 시앙 띵 이 거 슈왕런시

복장에 대해서 규제는 있습니까?
有没有对服装的要求?
Yǒuméiyou duì fúzhuàng de yāoqiú?
여우메이여우 뚜이 푸쭈앙 더 이야오치우

오늘 밤 7시 예약을 취소하고 싶습니다.
我想取消定在今晚7点的桌。
Wǒ xiǎng qǔxiāo dìng zài jīnwǎn qī diǎn de zhuō.
워 시앙 취시아오 띵 짜이 진완 치 디엔 더 쭈어

51

권유에 대한 응대

감사합니다.
谢谢你。
Xièxie nǐ.
씨에시에 니

정말로 감사합니다!
非常感谢!
Fēicháng gǎnxiè!
페이창 깐씨에

매우 감사합니다.
我很感谢。
Wǒ hěn gǎnxiè.
워 헌 깐씨에

진심으로 감사드립니다. (관심을 가져 주셔서 감사드립니다.)
谢谢你的关心。
Xièxie nǐ de guānxīn.
씨에시에 니 더 꽌씬

315

365

식당을 찾을 때

이 근처에 식당이 하나 있다고 들었어요.
听说这附近有家饭店。
Tīngshuō zhè fùjìn yǒu jiā fàndiàn.
팅슈어 쩌 푸진 여우 지아 판디엔

집 근처에 새로 생긴 데가 하나 있는데.
我家附近有个新开的店。
Wǒ jiā fùjìn yǒu ge xīn kāi de diàn.
워 지아 푸진 여우 거 신 카이 더 디엔

이 도시에 한국식 레스토랑은 있습니까?
这城市有韩食馆吗?
Zhè chéngshì yǒu hánshíguǎn ma?
쩌 청스 여우 한스구안 마

점심 식사할 만한 좋은 식당 하나 추천해 주시겠어요?
推荐一个适合吃午饭的地方好吗?
Tuījiàn yí ge shìhé chī wǔfàn de dìfang hǎo ma?
투이지엔 이 거 스흐어 츠 우판 더 띠팡 하오 마

어디 특별히 정해 둔 식당이라도 있으세요?
你有想好的地方吗?
Nǐ yǒu xiǎng hǎo de dìfang ma?
니 여우 시앙 하오 더 띠팡 마

52

365

권유의 감사에 대한 응대

천만에요.
不客气。
Bú kèqi.
부 커치

천만에요.
没关系。
Meíguānxi.
메이꽌씨

천만에요.
不用谢。
Búyòng xiè.
부용 씨에

신경 쓰지 마십시오.
请不要张罗。
Qǐng búyào zhāngluo.
칭 부야오 장루어

314

365

식사를 제의할 때

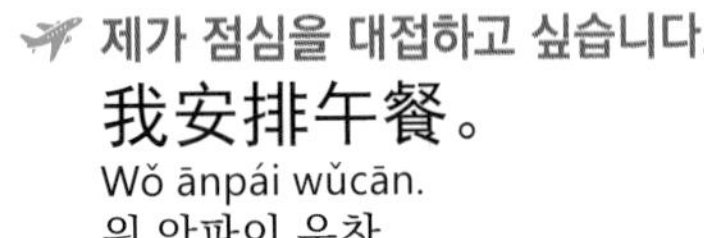

제가 점심을 대접하고 싶습니다.

我安排午餐。

Wǒ ānpái wǔcān.

워 안파이 우찬

걱정 마, 내가 살게.

别多想了，我买单。

Bié duō xiǎng le, wǒ mǎidān.

비에 뚜어 시앙 러, 워 마이딴

당신에게 특별히 한턱내고 싶습니다.

我想特别地请你一下。

Wǒ xiǎng tèbié de qǐng nǐ yíxià.

워 시앙 트어비에 디 칭 니 이시아

뭐 좀 간단히 먹으러 나갑시다.

出去凑合一顿吧。

Chūqù còuhe yí dùn ba.

추취 초우흐어 이 뚠 바

53

365

부탁할 때

부탁드려도 되겠습니까?

托你办件事，行吗？

Tuō nǐ bàn jiàn shì, xíng ma?

퉈 니 빤 지엔 스, 씽 마

부탁 하나 해도 될까요?

可以拜托您一件事吗？

Kěyǐ bàituō nín yí jiàn shì ma?

커 이 바이퉈 닌 이 지엔 스 마

부탁드릴 일이 있습니다.

有件事想拜托您。

Yǒu jiàn shì xiǎng bàituō nín.

여우 지엔 스 시앙 빠이퉈 닌

길 안내 좀 부탁드립니다.

请给我带路，好吗？

Qǐng gěi wǒ dài lù, hǎo ma?

칭 게이 워 따이 루, 하오 마

313

365

저녁식사 표현

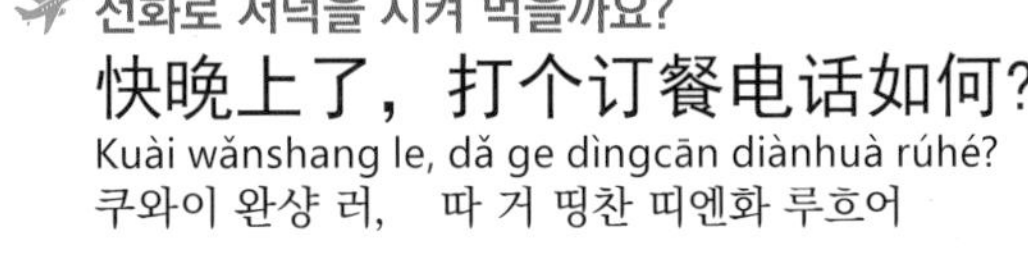

전화로 저녁을 시켜 먹을까요?

快晚上了，打个订餐电话如何？

Kuài wǎnshang le, dǎ ge dìngcān diànhuà rúhé?

쿠와이 완샹 러, 따 거 띵찬 띠엔화 루흐어

우리는 저녁에 밤참을 잘 먹습니다.

我们晚上常常吃夜宵。

Wǒmen wǎnshang chángchang chī yèxiāo.

워먼 완샹 창창 츠 이에시아오

오늘 저녁에 외식하자.

今晚就出去吃吧。

Jīnwǎn jiù chūqù chī ba.

진완 지우 추취 츠바

자 갑시다! 오늘 저녁은 제가 살게요.

好，走吧！今天晚上我请客。

Hǎo, zǒu ba! Jīntiān wǎnshang wǒ qǐngkè.

하오, 쪼우바! 진티엔 완샹 워 칭커

저는 대개 8시에 저녁을 먹습니다.

我大概八点鐘才吃晚饭。

Wǒ dàgài bā diǎnzhōng cái chī wǎnfàn.

워 따까이 빠 디엔중 차이 츠 완판

54

365

부탁을 승낙할 때

- 좋습니다. (됩니다.)

  行。

  Xíng.

  씽

- 좋습니다. 하십시오.

  可以，请。

  Kěyǐ, qǐng.

  커이, 칭

- 괜찮습니다.

  没关系。

  Méiguānxi.

  메이꽌씨

- 문제없습니다.

  没问题。

  Méiwèntí.

  메이원티

- 물론 됩니다.

  当然可以。

  Dāngrán kěyǐ.

  땅란 커이

312

365

점심식사 표현

시간이 없으니까, 점심에는 패스트푸드를 먹자.

没时间了，中午就吃快餐吧。

Méi shíjiān le, zhōngwǔ jiù chī kuàicān ba.

메이 스지엔 러, 쭝우 지우 츠 쿠와이찬 바

우리 점심 식사나 같이할까요?

我们一起吃午饭好吗?

Wǒmen yìqǐ chī wǔfàn hǎo ma?

워먼 이치 츠 우판 하오 마

여기가 점심 먹기에 괜찮을 것 같아.

在这儿吃午饭好像挺不错的。

Zài zhèr chī wǔfàn hǎoxiàng tǐng búcuò de.

짜이 쩔 츠 우판 하오시앙 팅 부추어 더

저는 점심을 싸 가지고 왔어요.

我带了盒饭。

Wǒ dàile héfàn.

워 따이러 흐어판

오늘 점심 배달시키자.

今天午饭就让饭店给送过来吧。

Jīntiān wǔfàn jiù ràng fàndiàn gěi sòng guòlái ba.

진티엔 우판 지우 랑 판디엔 게이 쏭 꾸어라이 바

55

365

부탁을 거절할 때

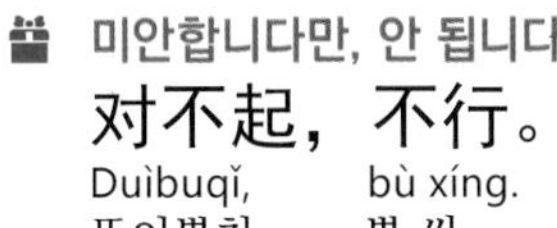

미안합니다만, 안 됩니다.

对不起，不行。

Duìbuqǐ, bù xíng.

뚜이뿌치, 뿌 씽

그렇게는 안 되겠습니다.

可能不至于吧。

Kěnéng búzhìyú ba.

커넝 부즈위 바

고맙지만, 필요 없습니다.

谢谢，我不要了。

Xièxie, wǒ búyào le.

씨에시에, 워 부야오 러

미안합니다, 정말 못합니다.

对不起，我真的不会。

Duìbuqǐ, wǒ zhēnde búhuì.

뚜이부치, 워 쩐더 부후이

다음 기회로 하죠.

下次机会吧。

Xiàcì jīhuì ba.

시아츠 지후이 바

311

365

아침식사 표현

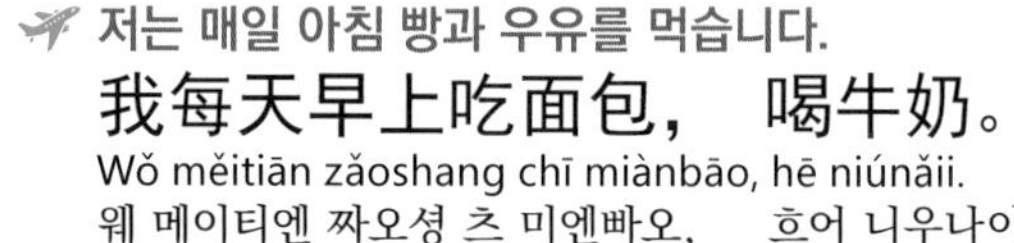

저는 매일 아침 빵과 우유를 먹습니다.

我每天早上吃面包， 喝牛奶。

Wǒ měitiān zǎoshang chī miànbāo, hē niúnǎii.

웨 메이티엔 짜오셩 츠 미엔빠오, 흐어 니우나이

오늘 아침을 먹지 않았어. 배에서 꼬르륵 소리 나.

今天没吃早饭，肚子咕咕直叫。

Jīntiān méi chī zǎofàn, dùzi gūgū zhí jiào.

진티엔 메이 츠 짜오판, 뚜즈 꾸꾸 즈 지아오

아침에 늦게 일어나서 아침밥을 먹지 못했습니다.

早上我起得晚，没有吃早饭了。

Zǎoshang wǒ qǐ de wǎn, méiyou chī zǎofàn le.

짜오셩 워 치 더 완, 메이여우 츠 짜오판 러

아침밥은 하루 중 가장 중요합니다.

早饭是一天中最重要的。

Zǎofàn shì yìtiān zhōng zuì zhòngyào de.

짜오판 스 이티엔 중 쭈이 쭝이야오 더

56

365

요청하거나 요구할 때

잠깐만 기다려 주십시오.
请等一下。
Qǐng děng yíxià.
칭 떵 이시아

저를 따라 오십시오.
请跟我来。
Qǐng gēn wǒ lái.
칭 껀 워 라이

다시 한번 말씀해 주십시오.
请再说一遍。
Qǐng zài shuō yí biàn.
칭 짜이 숴 이비엔

좀 천천히 말씀해 주십시오.
请说慢一点儿。
Qǐng shuō màn yìdiǎnr.
칭 숴 만 이디알

계속 말씀하십시오.
请接着说。
Qǐng jiēzhe shuō.
칭 지에저 숴

310

식사를 마칠 때

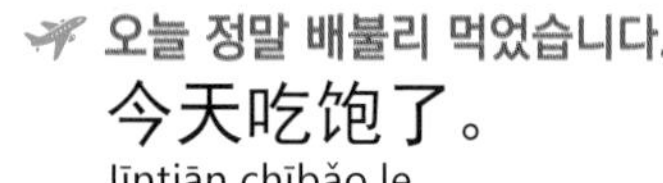

오늘 정말 배불리 먹었습니다.

今天吃饱了。

Jīntiān chībǎo le.

진티엔 츠빠오 러

너무 맛있습니다. 배가 부릅니다.

太好吃了，我吃饱了。

Tài hǎochī le, wǒ chībǎo le.

타이 하오츠 러, 워 츠빠오 러

좀 과식한 것 같아. 더 이상 먹지 못하겠어.

我有点吃多了，肚子受不了。

Wǒ yǒudiǎn chī duō le, dùzi shòubuliǎo.

워 여우디엔 츠 뚜어 러, 뚜즈 쇼우뿌리아오

오늘 정말 잘 먹었습니다.

今天我吃得太好了，谢谢。

Jīntiān wǒ chī de tài hǎo le, xièxie.

진티엔 워 츠 더 타이 하오 러, 씨에시에

57

365

바람을 나타낼 때

원합니다.
我要。
Wǒ yào.
워 야오

원하지 않습니다.
我不要。
Wǒ búyaò.
워 부야오

아무것도 필요 없습니다.
我什么都不要。
Wǒ shénme dōu búyào.
워 션머 떠우 부야오

선물을 좀 사고 싶습니다.
我想买点儿礼品
Wǒ xiǎng mǎi diǎnr lǐpǐn.
워 시앙 마이 디알 리핀

가고 싶지 않습니다.
我不想去。
Wǒ bùxiǎng qù.
워 뿌시앙 취

309

365

음식을 권할 때

식기 전에 먹어라. 식으면 맛이 없어.

赶紧趁热吃吧，凉了就不好吃了。

Gǎnjǐn chèn rè chī ba, liángle jiù bù hǎochī le.

간진 천 르어 츠 바, 리앙러 지우 뿌 하오츠 러

뭐 다른 것을 더 드시겠습니까?

还需要别的什么吗?

Hái xūyào bié de shénme ma?

하이 쉬이야오 비에 더 션머 마

마음껏 드십시오. 사양하실 필요가 없습니다.

请随意，不用客气。

Qǐng suíyì, búyòng kèqi.

칭 수이이, 부용 커치

이것은 제가 가장 잘하는 요리입니다. 맛 좀 보세요.

这是我的拿手菜，尝一尝。

Zhè shì wǒ de náshǒucài, chángyicháng.

쩌 스 워 더 나쇼우차이, 창이창

맛있는 음식이 많이 준비되어 있습니다.

还有很多好吃的。

Háiyǒu hěn duō hǎochī de.

하이여우 헌 뚜어 하오츠 더

58

365

말을 재촉할 때

제발 말씀해 주세요.
求求您，告诉我。
Qiúqiú nín, gàosu wǒ.
치우치우 닌, 까오수 워

할 말이 있으면 하세요.
您有话就说吧。
Nín yǒu huà jiù shuō ba.
닌 요우 화 지우 쉬 바

이유를 말해 보세요.
请讲讲理由。
Qǐng jiǎngjiang lǐyóu.
칭 지앙지앙 리여우

누가 그랬는지 말해 보세요.
你说说是谁干的。
Nǐ shuōshuo shì shéi gàn de.
니 쉬쉬 스 셰이 깐 더

308

365

음식의 취향을 말할 때

저는 기름기 있는 음식을 안 좋아해요.

我不喜欢油腻的。

Wǒ bù xǐhuan yóunì de.

워 뿌 시우한 여우니 더

저는 편식을 좀 해요.

我有点挑食。

Wǒ yǒudiǎn tiāoshí.

워 여우디엔 티아오스

저는 살짝 구운 것을 좋아합니다.

请烤得嫩一点。

Qǐng kǎo de nèn yìdiǎn.

칭 카오 더 넌 이디엔

내 남동생은 편식을 해서 건강이 좋지 않습니다.

我弟弟偏食，所以身体也不太好。

Wǒ dìdi piānshí, suǒyǐ shēntǐ yě bútài hǎo.

워 띠디 피엔스, 수오이 션티 이에 부타이 하오

매운 것을 못 먹어요. 고추를 적게 넣어주세요.

我不能吃辣的，少放辣椒。

Wǒ bùnéng chī là de, shǎo fàng làjiāo.

워 뿌넝 츠 라 더, 샤오 팡 라지아오

59

365

행동을 재촉할 때

서둘러 주시겠습니까?

请快一点好吗？

Qǐng kuài yìdiǎn hǎo ma?

칭 콰이 이 디엔 하오 마

서두르자.

我们赶紧吧。

Wǒmen gǎnjǐn ba.

워먼 깐진 바

저 몹시 급해요.

我很着急的。

Wǒ hěn zháojí de.

워 헌 쟈오지 더

서둘러, 시간이 넉넉하지 않아!

快点，时间不多了！

Kuài diǎn, shíjiān bù duō le!

콰이 디엔, 스지엔 뿌 뚸 러

빨리 하세요!

快点干吧！

Kuài diǎn gàn ba!

콰이 디엔 깐 바

307

365

음식의 맛을 말할 때

저는 단것을 잘 먹습니다.
我喜欢吃甜的。
Wǒ xǐhuan chī tián de.
워 시후안 츠 티엔 더

군침이 도는군요.
我流口水了。
Wǒ liú kǒushuǐ le.
워 리우 코우슈이 러

생각보다 맛있군요.
比想像中好吃多了。
Bǐ xiǎngxiàng zhōng hǎochī duō le.
비 시앙시앙 중 하오츠 뚜어 러

이건 제 입맛에 안 맞아요.
这个不合我的味口。
Zhège bù hé wǒ de wèikǒu.
쩌거 뿌 흐어 워 더 웨이코우

싱거워요.
味道淡淡的。
Wèidao dàndan de.
웨이따오 딴딴 더

60

365

여유를 가지라고 말할 때

천천히 하세요.

请慢慢来。

Qǐng mànman lái.

칭 만만 라이

서두를 필요 없어요.

用不着急忙的。

Yòngbuzháo jímáng de.

융부쟈오 지망 더

나중에 해도 돼요.

以后再干也行。

Yǐhòu zài gàn yě xíng.

이허우 짜이 깐 이에 씽

너무 재촉하지 마세요.

不要催得那么厉害。

Búyaò cuī de nàme lìhai.

부야오 추이 더 나머 리하이

306

365

식욕에 관한 표현

전 식욕이 왕성해요.

我食欲旺盛。

Wǒ shíyù wàngshèng.

워 스위 왕셩

먹고 싶은 생각이 없어요.

我不想吃。

Wǒ bùxiǎng chī.

워 뿌시앙 츠

당신은 대식가군요.

你好大的胃口啊。

Nǐ hǎo dà de wèikǒu a.

니 하오 따 더 웨이코우 아

이걸 먹으면 식욕이 없어져요.

吃这个会减低食欲。

Chī zhège huì jiǎndī shíyù.

츠 쩌거 후이 지엔띠 스위

저는 조금밖에 안 먹어요.

我只能吃一点。

Wǒ zhǐnéng chī yìdiǎn.

워 즈넝 츠 이디엔

61

365

주의를 줄 때

화를 내지 마세요.
你不要发火。
Nǐ búyào fāhuǒ.
니 부야오 파훠

자동차를 조심하세요!
当心汽车!
Dāngxīn qìchē!
땅씬 치처

그러면 안 돼요.
你可不要那样。
Nǐ kě búyào nàyàng.
니 커 부야오 나양

이러시면 안 되는데요.
你这样做可不好。
Nǐ zhèyàng zuò kě bù hǎo.
니 쩌양 쭤 커 뿌 하오

305

 365

배가 고플 때와 부를 때

배고파 죽겠어요.

我要饿死了。

Wǒ yào è sǐ le.

워 이야오 으어 쓰 러

배가 부르군요.

我吃饱了。

Wǒ chībǎo le.

워 츠빠오 러

배가 불러서 더 못 먹겠어요.

吃饱了，再吃也不下了。

Chībǎo le, zài chī yě bú xià le.

츠빠오 러, 짜이 츠 이에 부 시아 러

제가 과식을 했나 봐요.

我好像吃多了。

Wǒ hǎoxiàng chī duō le.

워 하오시앙 츠 뚜어 러

62

365

충고할 때

나를 실망시키지 마세요.

不要让我失望。

Búyào ràng wǒ shīwàng.

부야오 랑 워 스왕

잊지 말고 기억하세요!

你可要记住，别忘了！

Nǐ kě yào jìzhù, bié wàng le!

니 커 야오 찌주, 비에 왕 러

일찍 자고 일찍 일어나는 게 좋아요.

还是早睡早起好。

Háishi zǎo shuì zǎo qǐ hǎo.

하이스 짜오 쑤이 짜오 치 하오

너는 진지해야 해.

你一定要真诚。

Nǐ yídìng yào zhēnchéng.

니 이띵 야오 전청

남의 말을 액면 그대로 받아들이지 마세요.

可不要人家说什么信什么。

Kě búyào rénjiā shuō shénme xìn shénme.

커 부야오 런지아 쉬 션머 씬 션머

304

365

호텔 체크아웃할 때

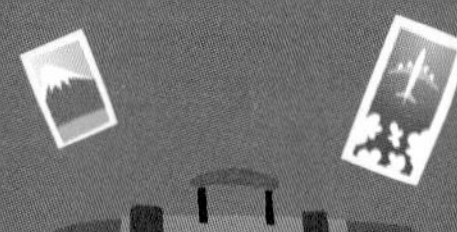

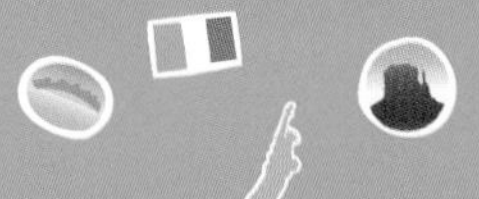

체크아웃을 하고 싶은데요.

我想退房。

Wǒ xiǎng tuìfáng.

워 시앙 투이팡

열쇠를 주시겠습니까?

麻烦您交出钥匙。

Máfan nín jiāo chū yàoshi?

미판 닌 지아오 추 이야오스

포터(짐꾼)를 부탁합니다.

我需要一个搬运工。

Wǒ xūyào yí ge bānyùngōng.

워 쉬이야오 이 거 반윈꽁

이 신용카드로 지불하고 싶은데요.

我想用这个信用卡。

Wǒ xiǎng yòng zhège xìnyòngkǎ.

워 시앙 용 쩌거 신용카

체크아웃 시간은 몇 시까지입니까?

退房截止时间是几点?

Tuìfáng jiézhǐ shíjiān shì jǐ diǎn?

투이팡 지에즈 스지엔 스 지 디엔

63

365

기쁘거나 즐거울 때

전 몹시 기뻐요!

我非常高兴！

Wǒ fēicháng gāoxìng!

워 페이창 까오씽

정말 즐겁습니다!

真愉快！

Zhēn yúkuài!

쩐 위콰이

날아갈 듯해!

高兴得要飞了！

Gāoxìng de yào fēi le!

까오씽 더 야오 페이 러

정말 재미있습니다.

很有意思。

Hěn yǒu yìsi.

헌 여우 이스

303

365

호텔에서의 트러블

방에 열쇠를 둔 채 잠가 버렸습니다.

我把钥匙丢在房里，锁了门。

Wǒ bǎ yàoshi diū zài fáng li, suǒle mén.

워 바 이야오스 띠우 짜이 팡 리, 수어러 먼

방이 아직 청소되어 있지 않습니다.

房间还没打扫干净。

Fángjiān hái méi yǒu dǎsǎo gānjìng.

팡지엔 하이 메이 여우 따사오 깐징

방의 전등이 고장 났습니다.

房间的灯坏了。

Fángjiān de dēng huài le.

팡지엔 더 떵 후아이 러

화장실 물이 내려가지 않습니다.

卫生间的水冲不下去。

Wèishēngjiān de shuǐ chōng bù xiàqù.

웨이셩지엔 더 슈이 총 부 시아취

텔레비전 화면이 나오지 않습니다.

电视机没有画面。

Diànshìjī méiyou huàmiàn.

띠엔스지 메이여우 화미엔

64

365

화가 날 때

왜 저한테 화를 내세요?

你为什么跟我生气？

Nǐ wèishénme gēn wǒ shēngqì?

니 웨이션머 껀 워 셩치

날 화나게 하지 마세요.

请你不要惹我生气。

Qǐng nǐ búyào rě wǒ shēngqì.

칭 니 부야오 러 워 셩치

화내지 마세요.

别生气了。

Bié shēngqì le.

삐에 셩치 러

그가 또 약속을 어겼어. 너무 화가 나.

他又没有守约，真气死人了。

Tā yòu méiyou shǒuyuē, zhēn qì sǐ rén le.

타 여우 메이여우 셔우위에, 쩐 치 쓰 런 러

미치겠어요.

气疯了。

Qì fēng le.

치 펑 러

302

365

호텔 방에서 국제전화를 할 때

국제전화는 어떻게 겁니까?

国际电话怎么打?

Guójì diànhuà zěnme dǎ?

구어지 띠엔화 쩐머 따

콜렉트콜로 하고 싶은데요.

我要打对方付款电话。

Wǒ yào dǎ duìfāng fùkuǎn diànhuà.

워 이야오 따 뚜이팡 푸꾸안 띠엔화

한국으로 전화하고 싶은데 전화비가 얼마입니까?

往韩国打电话费是多少?

Wǎng hánguó dǎ diànhuàfèi shì duōshao?

왕 한구어 따 띠엔화페이 스 뚜어샤오

상대방 전화번호를 알려 주세요.

请告诉我对方的电话号码。

Qǐng gàosu wǒ duìfāng de diànhuà hàomǎ.

칭 까오수 워 뚜이팡 더 띠엔화 하오마

전화를 놓고 잠시만 기다려 주세요.

放下电话稍等。

Fàng xià diànhuà shāo děng.

팡 시아 띠엔화 샤오 떵

65

365

슬플 때

아, 슬퍼요!

啊，真悲伤！

Ā, zhēn bēishāng!

아, 쩐 베이상

나는 마음이 아파요.

我心里好痛苦。

Wǒ xīnli hǎo tòngkǔ.

워 씬리 하오 통쿠

슬퍼서 울고만 싶어요.

我很伤心，只想哭。

Wǒ hěn shāngxīn, zhǐ xiǎng kū.

워 헌 샹씬, 즈 시앙 쿠

슬퍼하지 마세요.

不要伤心了。

Búyào shāngxīn le.

부야오 샹씬 러

기분을 좀 푸세요.

开开心吧。

Kāikai xīn ba.

카이카이 씬 바

301 365

클리닝을 부탁할 때

호텔 안에 세탁소가 있습니까?
酒店内有洗衣店吗?
Jiǔdiàn nèi yǒu xǐyīdiàn ma?
지우디엔 네이 여우 시이디엔 마

드라이클리닝을 하려면 며칠이 걸립니까?
干洗衣服需要几天?
Gānxǐ yīfu xūyào jǐ tiān?
깐시 이푸 쉬야오 지 티엔

이 옷을 다림질해 주십시오.
请把这件衣服熨一下。
Qǐng bǎ zhè jiàn yīfu yùn yíxià.
칭 바 쩌 지엔 이프 윈 이시아

언제 옷을 찾을 수 있습니까?
什么时候能取衣服?
Shénme shíhou néng qǔ yīfu?
션머 스호우 넝 취 이프

이 바지를 다려 주었으면 합니다.
请烫一下这条裤子。
Qǐng tàng yíxià zhè tiáo kùzi.
칭 탕 이시아 쩌 티아오 쿠즈

66

365

좋아하는 것을 말할 때

어떤 종류의 영화를 좋아하세요?

你喜欢什么类型的电影？

Nǐ xǐhuan shénme lèixíng de diànyǐng?

니 시환 션머 레이씽 더 띠엔잉

어떤 항목을 가장 좋아합니까?

你最喜欢看哪个栏目？

Nǐ zuì xǐhuan kàn nǎge lánmù?

니 쭈이 시환 칸 나거 란무

어떤 날씨를 좋아하세요?

你喜欢什么样的天气？

Nǐ xǐhuan shénmeyàng de tiānqì?

니 시환 션머양 더 티엔치

나는 음악 듣기를 좋아합니다.

我喜欢听音乐。

Wǒ xǐhuan tīng yīnyuè.

워 시환 팅 인위에

나는 컴퓨터게임광입니다.

我是电脑游戏迷。

Wǒ shì diànnǎo yóuxìmí.

워 스 띠엔나오 여우씨미

300

365

룸서비스를 이용할 때

룸서비스를 부탁합니다.

我要客房服务。

Wǒ yào kèfáng fúwù.

워 이야오 커팡 푸우

내일 아침 식사를 부탁드리고 싶습니다.

我想拜托明天的早餐。

Wǒ xiǎng bàituō míngtiān de zǎocān.

워 시앙 빠이투어 밍티엔 더 짜오찬

계란 프라이와 커피를 부탁합니다.

我要荷包蛋和咖啡。

Wǒ yào hébao dàn hé kāfēi.

워 이야오 흐어빠오 딴 흐어 카페이

뜨거운 물을 가져오세요.

请给我拿开水。

Qǐng gěi wǒ ná kāishuǐ.

칭 게이 워 나 카이슈이

내일 아침 7시에 깨워 주세요.

明早七点叫醒我。

Míngzǎo qī diǎn jiàoxǐng wǒ.

밍짜오 치 디엔 지아오싱 워

67

 365

싫어하는 것을 말할 때

나는 춤추는 것을 몹시 싫어합니다.
我最讨厌跳舞了。
Wǒ zuì tǎoyàn tiàowǔ le.
워 쭈이 타오옌 탸오우 러

나는 이런 종류의 음식이 싫습니다.
我不喜欢吃这种类型的食物。
Wǒ bù xǐhuan chī zhè zhǒng lèixíng de shíwù.
워 뿌 씨환 츠 쩌 중 레이씽 더 스우

그다지 좋아하는 것은 아닙니다.
我并不是太喜欢。
Wǒ bìng búshì tài xǐhuan.
워 삥 부스 타이 씨환

나는 대중음악을 싫어해.
我讨厌流行音乐。
Wǒ tǎoyàn liúxíng yīnyuè.
워 타오옌 리우씽 인위에

299

365

호텔 프런트에서

귀중품을 보관하고 싶은데요.
我想保管贵重物品。
Wǒ xiǎng bǎoguǎn guìzhòng wùpǐn.
워 시앙 빠오구안 꾸이중 우핀

열쇠를 보관해 주시겠습니까?
请帮我保管钥匙可以吗?
Qǐng bāng wǒ bǎoguǎn yàoshi kěyǐ ma?
칭 빵 워 빠오구안 이야오스 커이 마

비상구는 어디에 있습니까?
安全出口在哪里?
Ānquán chūkǒu zài nǎli?
안취엔 추코우 짜이 나리

저한테 온 메시지는 있습니까?
有没有给我的留言。
Yǒuméiyou gěi wǒ de liúyán.
여우메이여우 게이 워 더 리우이엔

여행자수표를 현금으로 바꿔 주시겠습니까?
可以把旅游支票兑换成现金吗?
Kěyǐ bǎ lǚyóu zhīpiào duìhuàn chéng xiànjīn ma?
커이 바 뤼여우 즈피아오 뚜이후안 청 시엔진 마

68

365

부끄러울 때

당신 차례예요. 수줍어하지 마세요.

轮到你了，不要不好意思。

Lún dào nǐ le, búyào bùhǎoyìsi.

룬 따오 니 러, 부야오 뿌하오이스

저는 이에 대해 부끄럽게 생각합니다.

我对此感到很惭愧。

Wǒ duìcǐ gǎndào hěn cánkuì.

워 뚜이츠 깐따오 헌 찬쿠이

이 일은 나로서는 수치입니다.

这事对我来说是个羞耻。

Zhè shì duì wǒ lái shuō shì ge xiūchǐ.

쩌 스 뚜이 워 라이 숴 스 거 씨우츠

298

365

호텔 체크인할 때

안녕하십니까? 무엇을 도와드릴까요?

你好？ 有什么需要帮忙的吗？

Nǐ hǎo? Yǒu shénme xūyào bāngmáng de ma?

니 하오? 여우 션머 쉬야오 빵망 더 마

체크인하고 싶은데요.

我想开房。

Wǒ xiǎng kāifáng.

워 시앙 카이팡

예약을 하셨습니까?

您预订了吗？

Nín yùdìng le ma?

닌 위띵 러 마

이 숙박카드에 기입해 주십시오.

请填写这个住宿卡。

Qǐng tián xiě zhège zhùsùkǎ.

칭 티엔 시에 쩌거 쭈수카

방을 체크아웃하지 않았습니다.

我没有退房。

Wǒ méiyou tuìfáng.

워 메이여우 투이팡

69

365

유감스러울 때

정말 유감입니다.
真遗憾。
Zhēn yíhàn.
쩐 이한

만약 그렇다면, 너무나 유감스럽습니다.
要是那样，那太遗憾了。
Yàoshì nàyàng, nà tài yíhàn le.
야오스 나양, 나 타이 이한 러

당신이 오시지 않아서 너무 유감스러웠습니다.
你不能来真是太遗憾了。
Nǐ bùnéng lái zhēnshì tài yíhàn le.
니 뿌넝 라이 쩐스 타이 이한 러

유감스럽지만, 아닙니다.
很遗憾，不是的。
Hěn yíhàn, búshì de.
헌 이한, 부스 더

297

365

호텔을 예약할 때

방을 예약하고 싶습니다. 방이 있습니까?

我要预定客房，有房间吗?

Wǒ yào yùdìng kèfáng, yǒu fángjiān ma?

워 이야오 위띵 커팡, 여우 팡지엔 마

예약을 취소하고 싶습니다.

我要取消预约。

Wǒ yào qǔxiāo yùyuē.

워 이야오 취시아오 위위에

지금 남은 방들은 어떤 것들이 있습니까?

现在剩下的客房都有什么样的?

Xiànzài shèngxià de kèfáng doū yǒu shénmeyàng de?

시엔짜이 셩시아 더 커팡 또우 여우 션머이양 더

보통 방을 원합니다.

我要标准间。

Wǒ yào biāozhǔnjiān.

워 이야오 삐아준지엔

70

365

부러울 때

무척 부럽습니다.

非常羡慕。

Fēicháng xiànmù.

페이창 시엔무

난 네가 정말 부러워.

我真羡慕你。

Wǒ zhēn xiànmù nǐ.

워 전 시엔무 니

저도 당신의 용기가 부럽습니다.

我也很羡慕你的勇气。

Wǒ yě hěn xiànmù nǐ de yǒngqì.

워 이에 헌 시엔무 니 더 융치

296

365

호텔을 찾을 때

오늘 밤 방이 있을까요?

今晚会有房间吗?

Jīnwǎn huì yǒu fángjiān ma?

진완 후이 여우 팡지엔 마

어떤 방을 원하십니까?

需要什么样的房间?

Xūyào shénmeyàng de fángjiān?

쉬이야오 선머이양 더 팡지엔

욕실이 딸린 싱글 룸이 필요한데요.

我需要带浴室的单间。

Wǒ xūyào dài yùshì de dānjiān.

워 쉬이야오 따이 위스 더 딴지엔

1박에 얼마입니까?

住一宿多少钱?

Zhù yí xǐu duōshao qián?

쭈 이 시우 뚜어샤오 치엔

71

 365

질투할 때

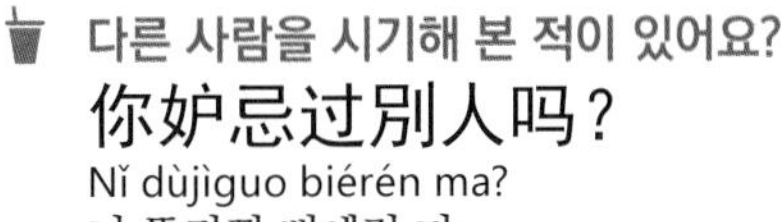

다른 사람을 시기해 본 적이 있어요?

你妒忌过别人吗？

Nǐ dùjìguo biérén ma?

니 뚜지꿔 삐에런 마

서로 의심하고 질투하지 마세요.

你们不要互相猜忌。

Nǐmen búyào hùxiāng cāijì.

니먼 부야오 후시앙 차이지

남을 질투하는 것은 나쁜 버릇입니다.

嫉妒别人是不好的习惯。

Jídù biérén shì bù hǎo de xíguàn.

지뚜 삐에런 스 뿌 하오 더 시꽌

295

365

여행을 마치고 귀국할 때

입국카드는 가지고 계십니까?

身上带着入国卡吗?

Shēnshang dài zhe rùguókǎ ma?

선상 따이저 루구어카 마

입국카드 작성법을 모르겠습니다.

我不知道怎么填写入国卡。

Wǒ bù zhīdào zěnme tián xiě rùguókǎ.

워 뿌 즈따오 쩐머 티엔 시에 루구어카

이것이 세관신고서입니다.

这是海关申报书。

Zhè shì hǎiguān shēnbàoshū.

쩌 스 하이꾸안 션빠오슈

제시간에 도착합니까?

能正点到达吗?

Néng zhèngdiǎn dàodá ma.

넝 쩡디엔 따오따 마

인천에 언제 도착합니까?

什么时候到仁川?

Shénme shíhou dào Rénchuān?

션머 스호우 따오 런추안

72

365

초조할 때

무슨 걱정거리가 있습니까?
有什么心事吗?
Yǒu shénme xīnshì ma?
여우 션머 씬스 마

그는 왜 안절부절못하죠?
他怎么坐立不安呢?
Tā zěnme zuòlìbùān ne?
타 쩐머 쭤리뿌안 너

무슨 일로 그렇게 조급해하세요?
你有什么事那么着急?
Nǐ yǒu shénme shì nàme zháojí?
니 여우 션머 스 나머 짜오지

난 지금 좀 긴장돼.
我现在有点紧张。
Wǒ xiànzài yǒudiǎn jǐnzhāng.
워 시엔짜이 여우디엔 진장

긴장을 풀어 봐.
你放松一下。
Nǐ fàngsōng yíxià.
니 팡송 이시아

294

365

사진을 찍을 때

저희들 사진 좀 찍어 주시겠어요?

可以给我们拍张照吗?

Kěyǐ gěi wǒmen pāi zhāng zhào ma?

커이 게이 워먼 파이 짱 짜오 마

알겠습니다. 웃으세요. 좋습니다.

知道了，请笑一个。很好。

Zhīdao le, qǐng xiào yí ge. Hěn hǎo.

즈따오 러, 칭 시아오 이 거. 헌 하오

당신 사진을 찍어도 됩니까?

我可以给你拍照吗?

Wǒ kěyǐ gěi nǐ pāizhào ma?

워 커이 게이 니 파이짜오 마

함께 사진을 찍읍시다.

我们一起照相吧。

Wǒmen yìqǐ zhàoxiāng ba.

워먼 이치 짜오시앙 바

비디오를 찍어도 됩니까?

我可以摄像吗?

Wǒ kěyǐ shèxiàng ma?

워 커이 셔시앙 마

73

365

무서울 때

무서워요.

我害怕。

Wǒ hàipà.

워 하이파

정말 무섭군요.

真让人感到可怕。

Zhēn ràng rén gǎndào kěpà.

전 랑 런 깐따오 커파

무서워하지 마!

别怕，不要怕！

Bié pà, búyào pà!

삐에 파, 부야오 파

그건 별거 아니야.

这没什么了不起。

Zhè méi shénme liǎobuqǐ.

쩌 메이 션머 랴오부치

293

 365

관광을 할 때

어른 표 2장과 어린이 표 3장 주세요.

要两张普通票，三张儿童票。

Yào liǎng zhāng pǔtōngpiào, sān zhāng értóngpiào.

이야오 리앙 짱 푸통피아오, 산 짱 얼통피아오

저 동상은 뭐죠?

那个铜像是什么?

Nàge tóngxiàng shì shénme?

나거 통시앙 스 션머

정말 아름다운 경치군요!

好美的景色啊!

Hǎo měi de jǐngsè a!

하오 메이 더 징써 아

전망이 기가 막히군요!

整个视野简直棒极了。

Zhěngge shìyě jiǎnzhí bàng jí le.

쩡거 스이에 지엔즈 방 지 러

이 건물은 왜 유명합니까?

这座建筑何以闻名?

Zhè zuò jiànzhù héyǐ wénmíng?

쩌 쭈어 지엔쭈 흐어이 원밍

74

365

상대의 걱정을 물을 때

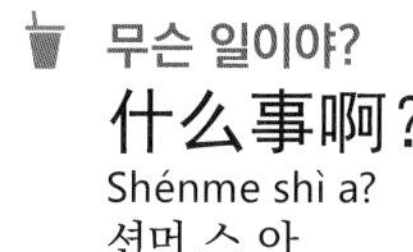

무슨 일이야?

什么事啊?

Shénme shì a?

셤머 스 아

뭘 그리 초조해하고 있니?

什么事那么焦心?

Shiénme shì nàme jiāoxīn?

셤머 스 나머 지아오씬

무엇 때문에 괴로워하고 있는 거야?

什么事让你这么难过?

Shénme shì ràng nǐ zhème nánguò?

셤머스 랑 니 쩌머 난궈

집에 무슨 일이 있으세요?

家里有什么事吗?

Jiāli yǒu shénme shì ma?

지아리 여우 셤머 스 마

292

365

투어를 이용할 때

관광버스가 있습니까?

有旅游专车吗?

Yǒu lǚyóu zhuānchē ma?

여우 뤼여우 쭈안처 마

개인당 비용은 얼마입니까?

每个人多少钱?

Měige rén duōshao qián?

메이거 런 뚜어샤오 치엔

여기서 관광 예약을 할 수 있습니까?

在这儿能预约吗?

Zài zhèr néng yùyuē ma?

짜이 쩔 넝 위위에 마

야간관광이 있습니까?

有没有夜间旅程?

Yǒuméiyou yèjiān lǚchéng?

여우메이여우 이에지엔 뤼청

몇 시에 어디서 출발합니까?

几点从什么地方出发?

Jǐ diǎn cóng shénme dìfang chūfā?

지 디엔 총 션머 띠팡 추파

75

 365

걱정을 말할 때

요즘 기분이 좋지 않아요.

这几天心情不好。

Zhè jǐ tiān xīnqíng bù hǎo.

쩌 지 티엔 씬칭 뿌 하오

오늘은 어쩐지 기분이 이상해요.

今天这心情好古怪。

Jīntiān zhè xīnqíng hǎo gǔguài.

찐티엔 쩌 씬칭 하오 꾸꽈이

절망적인 기분이야.

心情绝望极了。

Xīnqíng juéwàng jí le.

씬칭 쮀왕 지 러

관광안내소에서

이 도시의 주요 관광 명소가 어디입니까?

这城市的主要景点是哪儿?

Zhè chéngshì de zhǔyào jǐngdiǎn shì nǎr?

쩌 청스 더 주이야오 징디엔 스 날

관광안내 책자를 하나 주시겠어요?

可以给我一个导游手册吗?

Kěyǐ gěi wǒ yí ge dǎoyóu shǒucè ma?

커이 게이 워 이 거 다오여우 쇼우처 마

시내를 한눈에 볼 수 있는 곳이 있습니까?

有没有可以一揽市内全景的地方?

Yǒuméiyou kěyǐ yī lǎn shìnèi quánjǐng de dìfang?

여우메이여우 커이 이 란 스네이 취엔징 더 띠팡

박물관은 몇 시에 문을 엽니까?

博物馆几点开门?

Bówùguǎn jǐ diǎn kāimén?

뽀우구안 지 디엔 카이먼

걱정을 위로할 때

- 걱정하지 마세요.
  您不要担心。
  Nín búyào dānxīn.
  닌 부야오 딴씬

- 걱정할 것 없어요.
  用不着担心。
  Yòngbuzháo dānxīn.
  융부자오 딴씬

- 좋아질 거예요.
  会好起来的。
  Huì hǎo qǐlái de.
  후이 하오 치라이 더

- 결과에 대해 걱정하지 마세요.
  您不用挂念结果。
  Nín búyòng guàniàn jiéguǒ.
  닌 부융 꽈니엔 제궈

- 그런 걱정은 깨끗이 잊어버리세요.
  这样的担心干脆忘了吧。
  Zhèyàng de dānxīn gāncuì wàng le ba.
  쩌양 더 딴씬 깐추이 왕 러 바

290

365

공항 안에서

면세점은 어디에 있습니까?

免税店在什么地方?

Miǎnshuìdiàn zài shénme dìfang?

미엔수이디엔 짜이 션머 띠팡

면세점은 글자 그대로 관세를 부과하지 않는 상점을 말합니다.

免税店，顾名思义就是免税的商店。

Miǎnshuìdiàn, gùmíngsīyì jiùshì miǎnshuì de shāngdiàn.

미엔수이디엔, 꾸밍쓰이 지우스 미엔수이 더 샹디엔

관광안내소는 어디입니까?

问讯处在哪里?

Wènxùnchù zài nǎli?

원쉰추 짜이 나리

공항 근처의 호텔에 묵고 싶습니다.

我想住机场附近的宾馆。

Wǒ xiǎng zhù jīchǎng fùjìn de bīnguǎn.

워 시앙 쭈 지창 푸진 더 삥구안

77

365

아쉬워할 때

그 사람이 뜻밖에도 실패하다니 정말 안됐군요.

那人竟然失败，真是可惜了。

Nà rén jìngrán shībài, zhēnshì kěxī le.

나 런 찡란 스빠이, 쩐스 커시 러

그건 피할 수도 있었는데.

那其实是可避免的。

Nà qíshí shì kě bìmiǎn de.

나 치스 스 커 삐미엔 더

네 동정 따윈 필요 없어.

我才不需要你的同情呢。

Wǒ cái bù xūyào nǐ de tóngqíng ne.

워 차이 부 쉬야오 니 더 통칭 너

운이 좀 없었을 뿐이야.

不过是少了点运气。

Búguò shì shǎo le diǎn yùnqì.

부꿔 스 샤오 러 디엔 윈치

난 정말 이곳을 그리워할 거야.

我以后会怀念这个地方的。

Wǒ yǐhòu huì huáiniàn zhège dìfang de.

워 이허우 후이 화이니엔 쩌거 띠팡 더

289

 365

세관검사를 받을 때

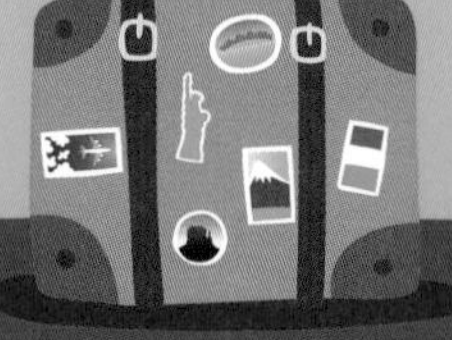

신고할 물품이 있습니까?

您有要申报的物品吗?

Nín yǒu yào shēnbào de wùpǐn ma?

닌 여우 이야오 션빠오 더 우핀 마

이런 물품도 신고해야 합니까?

这种物品也需要申报吗?

Zhè zhǒng wùpǐn yě xūyào shēnbào ma?

쩌 종 우핀 이에 쉬이야오 션빠오 마

가방 안에 뭐가 들었는지 보여 주시겠어요?

请让我看一下包里面是什么东西。

Qǐng ràng wǒ kàn yíxià bāo lǐmiàn shì shénme dōngxi.

칭 랑 워 칸 이시아 빠오 리미엔 스 션머 똥시

어디에서 관세를 지불하면 됩니까?

在哪里交关税?

Zài nǎli jiāo guānshuì?

짜이 나리 지아오 꾸안수이

78

365

후회할 때

그에게 사과했어야 하는 건데.
我应该向他道歉才是。
Wǒ yīnggaī xiàng tā dàoqìan cáishì.
워 잉까이 시앙 타 따오치엔 차이스

일을 저질러 놓고 보니 후회가 막심해요.
真正出事了，真是后悔莫及啊。
Zhēnzhèng chùshì le, zhēnshì hòuhuǐ mòjí a.
쩐쩡 추스 러, 쩐스 허우후이 머지 아

언젠가는 후회할 겁니다.
往后肯定会后悔的。
Wǎnghòu kěndìng huì hòuhuǐ de.
왕허우 컨띵 후이 허우후이 더

이젠 너무 늦었어.
现在已经太晚了。
Xiànzài yǐjīng tài wǎn le.
시엔짜이 이징 타이 완 러

난 절대로 후회하지 않아.
我可不后悔。
Wǒ kě bú hòuhuǐ.
워 커 부 허우후이

288

365

짐을 찾을 때

실례지만, 짐 찾는 곳이 어디에 있죠?

请问，领取行李的地方在哪儿?

Qǐngwèn, lǐngqǔ xíngli de dìfang zài nǎr?

칭원, 링취 싱리 더 띠팡 짜이 날

저쪽의 짐 찾는 곳에서 당신의 짐을 찾으세요.

请到那边的行李领取处领取您的行李。

Qǐng dào nàbian de xíngli lǐngqǔchù lǐngqǔ nín de xíngli.

칭 따오 나비엔 더 싱리 링취추 링취 닌 더 싱리

먼저 확인 좀 할게요.

我先帮您确认一下吧!

Wǒ xiān bāng nín quèrèn yíxià bā!

워 시엔 빵 닌 취에런 이시아 바

제 짐이 어디에 있는지 확인해 주세요.

帮我确认一下我的行李在哪儿。

Bāng wǒ quèrèn yíxià wǒ de xíngli zài nǎr.

빵 워 취에런 이시아 워 더 싱리 짜이 날

제 짐이 도착했는지를 봐 주세요.

帮我看一下我的行李到没到。

Bāng wǒ kàn yíxià wǒ de xíngli dào méi dào.

빵 워 칸 이시아 워 더 싱리 따오 메이 따오

79

365

짜증날 때

정말 지겨워 죽겠어.

真是烦死了，烦透了。

Zhēnshì fán sǐ le, fántòu le.

쩐스 판 쓰 러, 판터우 러

하는 일에 싫증나지 않으세요?

你不厌倦你做的工作吗？

Nǐ bú yànjuàn nǐ zuò de gōngzuò ma?

니 부 옌쮄 니 쭤 더 꿍쭤 마

네, 이젠 진절머리가 나요.

是啊，已经厌倦得不得了。

Shì a, yǐjīng yànjuàn de bùdeliǎo.

스 아, 이찡 옌쮄 더 뿌더랴오

이런 생활에는 이제 넌더리가 나요.

这种日子我早腻了。

Zhè zhǒng rìzi wǒ zǎo nì le.

쩌 종 르즈 워 짜오 니 러

287

365

입국심사를 받을 때

여권 좀 보여 주시겠습니까?

可以出示一下护照吗?

Kěyǐ chūshì yíxià hùzhào ma?

커이 추스 이시아 후짜오 마

여행 목적은 무엇입니까?

您的旅游目的是什么?

Nín de lǚyóu mùdì shì shénme?

닌 더 뤼여우 무띠 스 션머

관광(일/홈스테이/유학)입니다.

是观光(公务/访问/留学)。

Shì guānguāng(gōngwù/fǎngwèn/liúxué).

스 꾸안꾸왕(꽁우/팡원/리우쉬에)

어느 정도 체류합니까?

要逗留多长时间?

Yào dòuliú duō cháng shíjiān?

이야오 또우리우 뚜어 창 스지엔

돌아가는 항공권을 보여 주세요.

给我看一下你的返程机票。

Gěi wǒ kàn yíxià nǐ de fǎnchéng jīpiào.

게이 워 칸 이시아 니 더 판청 지피아오

80

365

귀찮을 때

아, 귀찮아.

咳，真讨厌。

Hāi, zhēn tǎoyàn.

하이, 쩐 타오옌

정말 귀찮군.

真是讨厌死了。

Zhēnshì tǎoyàn sǐ le.

쩐스 타오옌 쓰 러

누굴 죽일 생각이세요?

你想烦死人哪？

Nǐ xiǎng fán sǐ rén nǎ?

니 시앙 판 쓰 런 나

당신은 참 짜증나게 하는군요.

你这人真烦人。

Nǐ zhè rén zhēn fánrén.

니 쩌 런 전 판런

나 지금 바빠. 제발 저리 좀 비켜라.

我现在很忙，你给我躲一边去。

Wǒ xiànzài hěn máng, nǐ gěi wǒ duǒ yì biān qù.

워 시엔짜이 헌 망, 니 게이 워 뚸 이삐엔 취

286

비행기 안에서

탑승권을 보여 주시겠습니까?

可以出示一下机票吗?

Kěyǐ chūshì yíxià jīpiào ma?

커이 추스 이시아 지피아오 마

미안합니다. 지나가도 될까요?

对不起，借一下光。

Duìbuqǐ, jiè yíxià guāng.

뚜이부치, 지에 이시아 꾸앙

실례지만, 여긴 제 자리입니다.

不好意思，这是我的座位。

Bùhǎoyìsi, zhè shì wǒ de zuòwèi.

뿌하오이쓰, 쩌 스 워 더 쭈어웨이

어떤 음료를 드릴까요?

您要什么饮料?

Nín yào shénme yǐnliào?

닌 이야오 션머 인리아오

불평할 때

또 시작이군.
又来了。
Yòu lái le.
여우 라이 러

당신 또 불평이군요.
你这人又发牢骚了。
Nǐ zhè rén yòu fā láosāo le.
니 쩌 런 여우 파 라오싸오 러

저로서는 불만입니다.
我感到很不满意。
Wǒ gǎndào hěn bù mǎnyì.
워 깐따오 헌 뿌 만이

나한테 불만 있어요?
你对我有不满吗？
Nǐ duì wǒ yǒu bù mǎn ma?
니 뚜이 워 여우 뿌 만 마

왜 그게 제 탓이죠?
那为什么要怨我？
Nà wèishénme yào yuàn wǒ?
나 웨이션머 야오 위엔 워

285

 365

정원에 대해 말할 때

정원에 꽃이 많이 피었군요.

院子里开满了花儿。

Yuànzi li kāi mǎn le huār.

위엔즈 리 카이 만 러 활

정원을 꾸미는 데 정성을 많이 들이셨군요.

装饰院子花了很多工夫。

Zhuāngshì yuànzi huā le hěn duō gōngfu.

쭈앙스 위엔즈 화 러 헌 뚜어 꽁푸

어제 뒤뜰에 나무를 심었어요.

昨天在后院子种了几棵树。

Zuótiān zài hòu yuànzi zhòng le jǐ kē shù.

쭈어티엔 짜이 호우 위엔즈 종 러 지 커 슈

정원에 씨를 뿌려 놨으니 밟지 마세요.

院子里种种子，请不要乱踩。

Yuànzi li zhòng zhǒngzi, qǐng búyào luàn cǎi.

위엔즈 리 종 종즈, 칭 부이야오 루안 차

82

365

불평·불만을 말릴 때

뭐가 그렇게 불만인가요?

你到底有什么可不满的？

Nǐ dàodǐ yǒu shénme kě bù mǎn de?

니 따오디 여우 션머 커 뿌 만 더

너무 그러지 마.

不要太过分。

Búyào taì guòfèn.

부야오 타이 꿔펀

너 불평 좀 그만할래?

你少发点牢骚好不好？

Nǐ shǎo fā diǎn láosāo hǎobuhǎo?

니 샤오 파 디엔 라오싸오 하오부하오

너무 투덜거리지 마!

你不要嘟嘟囔囔的！

Nǐ búyào dūdūnāngnāng de!

니 부야오 뚜뚜낭낭더

284

365

주택에 대해 말할 때

저는 교통이 편한 곳에 살고 있습니다.
我住在交通方便的地方。
Wǒ zhù zài jiāotōng fāngbiàn de dìfang.
워 쭈 짜이 지아오통 팡비엔 더 띠팡

아파트에서 사세요, 단독주택에 사세요?
住在公寓还是独门独院?
Zhù zài gōngyù háishì dúmén dúyuàn?
쭈 짜이 꽁위 하이스 두먼 두위엔

이 집에 대한 느낌이 어떻습니까?
对这所房子印象如何?
Duì zhè suǒ fángzi yìnxiàng rúhé?
뚜이 쩌 수어 팡즈 인시앙 루흐어

우리 집은 방 세 개, 거실이 하나입니다.
我的房子是三室一厅。
Wǒ de fángzi shì sān shì yì tīng.
워 더 팡즈 스 산 스 이 팅

부엌이 아주 깨끗하구나.
厨房很干净。
Chúfáng hěn gānjìng.
추팡 헌 깐징

83

365

감탄할 때

멋지네요!

太壮观了!

Tài zhuàngguān le!

타이 쫭관 러

훌륭합니다!

太好了!

Tài hǎo le!

타이 하오 러

와, 정말 아름답네요!

哇，真是太美了!

Wā, zhēnshì tài měi le!

와, 쩐스 타이 메이 러

너무 맛있네요!

太好吃了!

Tài hǎochī le!

타이 하오츠 러

283

365

주거에 대해 말할 때

어디에서 사세요?

请问你住在哪里?

Qǐngwèn nǐ zhù zài nǎlǐ?

칭원 니 쭈 짜이 나리

이 근처에 살고 있어요.

住在这附近。

Zhù zài zhè fùjìn.

쭈 짜이 쩌 푸진

그곳에서 얼마나 사셨어요?

你在那儿住多久了?

Nǐ zài nàr zhù duō jiǔ le?

니 짜이 날 쭈 뚜어 지우 러

저희 집 주변은 시끄러워요.

我家附近可闹了。

Wǒ jiā fùjìn kě nào le.

워 지아 푸진 커 나오 러

84

365

성과를 칭찬할 때

대단하군요!

真了不起!

Zhēn liǎobuqǐ!

쩐 랴오부치

잘하시는군요.

你真不错。

Nǐ zhēn búcuò.

니 쩐 부춰

정말 훌륭하군요.

真是太好了。

Zhēnshì tài hǎo le.

쩐스 타이 하오 러

참 잘하셨어요.

你干得太出色了。

Nǐ gān de tài chūsè le.

니 깐 더 타이 추써 러

그렇지요, 그렇게 해야지요.

对呀，就该那么做。

Duì ya, jiù gaī nàme zuò.

뚜이 야, 지우 까이 나머 쭤

282

365

신발을 구입할 때

구두는 어디서 팝니까?

皮鞋在哪儿卖?

Píxié zài nǎr mài?

피시에 짜이 날 마이

이건 진짜 가죽이기 때문에 조금 비쌉니다.

这因为是真皮的，所以有点儿贵。

Zhè yīnwèi shì zhēn pí de, suǒyǐ yǒudiǎnr guì.

쩌 인웨이 스 쩐 피더, 소우이 여우디얼 꾸이

이런 상품은 수제품이라서 좀 비쌉니다.

这种商品因为是手工制作的，所以价钱有点儿贵。

Zhè zhǒng shāngpǐn yīnwèi shì shǒugōng zhìzuò de, suǒyǐ jiàqián yǒudiǎnr guì.

쩌 종 샹핀 인웨이 스 쇼우꽁 즈쭈어더, 소우이 지아치엔 여우디얼 꾸이

이 신발은 싸고 좋습니다.

这鞋又便宜又好。

Zhè xié yòu piányi yòu hǎo.

쩌 시에 여우 피엔이 여우 하오

85

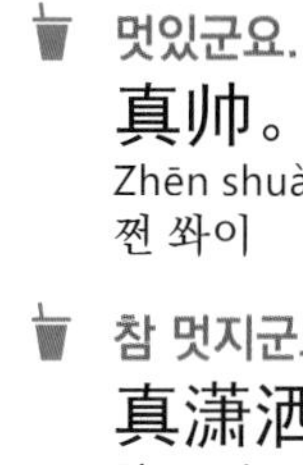

365

외모를 칭찬할 때

멋있군요.
真帅。
Zhēn shuài.
쩐 쏴이

참 멋지군요.
真潇洒。
Zhēn xiāosǎ.
쩐 시아오싸

나이에 비해 많이 젊어 보이시는군요.
你比年龄年轻多了。
Nǐ bǐ niánlíng niánqīng duō le.
니 비 니엔링 니엔칭 뚸 러

아이가 참 귀엽군요!
这孩子真可爱!
Zhè háizi zhēn kěài!
쩌 하이즈 쩐 커아이

당신은 눈이 참 예쁘군요.
你的眼睛好漂亮啊。
Nǐ de yǎnjing hǎo piàoliang a.
니 더 옌징 하오 퍄오량 아

281

365

모자를 구입할 때

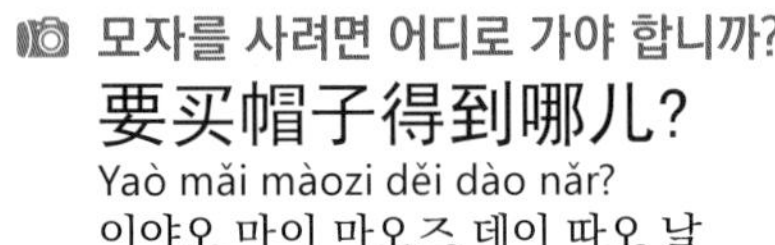

모자를 사려면 어디로 가야 합니까?

要买帽子得到哪儿?

Yaò mǎi màozi děi dào nǎr?

이야오 마이 마오즈 데이 따오 날

수입 상품은 일반적으로 조금 비쌉니다.

进口商品一般有点儿贵。

Jìnkǒu shāngpǐn yìbān yǒudiǎnr guì.

진코우 샹핀 이빤 여우디얼 꾸이

모자가 잘 어울리시네요

这帽子对你很合适。

Zhè màozi duì nǐ hěn héshì.

쩌 마오즈 뚜이 니 헌 흐어스

지난번 들여온 물건이 다 팔렸습니다. 더 들여와야 되겠어요.

上次进的货全卖光了， 得再进了。

Shàngcì jìn de huò quán màiguāng le, děi zài jìn le.

샹츠 진 더 후어 취엔 마이꾸앙 러,　데이 짜이 진 러

86

365

능력·재주를 칭찬할 때

기억력이 참 좋으시군요.
你的记忆力可真好。
Nǐ de jìyìlì kě zhēn hǎo.
니 더 찌이리 커 쩐 하오

당신은 능력이 대단하시군요.
您真有能力呀。
Nín zhēn yǒu nénglì ya.
닌 쩐 여우 넝리 야

그는 정말 머리가 좋아요.
他的头脑真好。
Tā de tóunǎo zhēn hǎo.
타 더 터우나오 쩐 하오

그는 똑똑한 사람이에요.
他是个明智的人。
Tā shì ge míngzhì de rén.
타 스 거 밍쯔 더 런

그는 재치가 있어요.
他这人可巧了。
Tā zhèrén kě qiǎo le.
타 쩌런 커 챠오 러

280

365

여성복을 구입할 때

요즘 유행하는 스타일은 어떤 것입니까?

最近流行的款式是哪一种?

Zuìjìn liúxíng de kuǎnshì shì nǎ yì zhǒng?

쭈이진 리우싱 더 쿠안스 스 나 이 종

이 바지는 너무 낍니다. 못 입겠어요.

这裤子太瘦了，穿不了了。

Zhè kùzi tài shòu le, chuānbuliǎo le.

쩌 쿠즈 타이 쇼우 러, 추안뿌리아오 러

제가 입으면 너무 커 보이지 않나요?

我穿着是不是看起来很大?

Wǒ chuānzhe shìbushì kàn qǐlái hěn dà?

워 추안저 스부스 칸 치라이 헌 따

내가 보기에는 딱 좋아. 별로 크지 않아.

我觉得正好，不算太大。

Wǒ juéde zhènghǎo, bú suàn tài dà.

워 쥐에더 쩡 하오, 부 수안 타이 따

이 옷은 너무 화려한 거 아니에요?

这件衣服是不是很艶?

Zhè jiàn yīfu shìbushì hěn yàn?

쩌 지엔 이프 스부스 헌 이엔

87

365

그밖에 칭찬의 표현

그거 잘 사셨군요.

你算是买对了。

Nǐ suànshì mǎi duì le.

니 쏸스 마이 뚜이 러

그거 정말 좋은데요.

那真的很好啊。

Nà zhēnde hěn hǎo a.

나 쩐더 헌 하오 아

정말 근사한데요.

真是不错。

Zhēnshì búcuò.

쩐스 뿌춰

멋진 집을 갖고 계시군요.

你的房子好漂亮啊。

Nǐ de fángzi hǎo piàoliang a.

니 더 팡즈 하오 퍄오량 아

그게 더 근사하네요.

那个更好一些。

Nàge gèng hǎo yìxiē.

나거 껑 하오 이씨에

279

365

남성복을 구입할 때

저는 맞춤옷을 좋아합니다.

我喜欢穿定做的衣服。

Wǒ xǐhuan chuān dìngzuò de yīfu.

워 시후안 추안 띵쭈어 더 이프

어떤 양복을 원하십니까?

您要什么样的西服?

Nín yào shénmeyàng de xīfú?

닌 이야오 션머이양 더 시푸

양복점에서 가서 양복 한 벌 지어 입었습니다.

到服装店定做一套西服穿。

Dào fúzhuāngdiàn dìng zuò yí tào xīfú chuān.

따오 푸쭈앙디엔 띵 쭈어 이 타오 시푸 추안

양복 한 벌 맞춰 주시겠어요?

请给我做一套西服。

Qǐng gěi wǒ zuò yí tào xīfú.

칭 게이 워 쭈어 이 타오 시푸

88

365

칭찬에 대한 응답

칭찬해 주시니 고맙습니다.

谢谢您的夸奖。

Xièxie nín de kuājiǎng.

씨에시에 닌 더 콰지앙

과찬의 말씀입니다.

您过奖了。

Nín guòjiǎng le.

닌 꿔지앙 러

너무 치켜세우지 마세요.

不要棒得太高。

Búyào fèng de tài gāo.

부야오 펑 더 타이 까오

278

365

제과점에서

식빵과 잼 하나 주세요.
给我一个面包，还有一个果酱。
Gěi wǒ yí ge miànbāo, háiyǒu yí ge guǒjiàng.
게이 워 이 거 미엔빠오, 하이여우 이거 구어지앙

포장해 드릴까요?
要打包吗?
Yào dǎbāo ma?
이야오 따빠오 마

지금 방금 구운 빵입니다, 맛 좀 보세요.
这是刚刚烘烤的面包，请尝一尝。
Zhè shì gānggāng hōngkǎo de miànbāo, qǐng chángyicháng.
쩌 스 깡깡 홍카오 더 미엔빠오, 칭 창이창

이 빵은 반값에 판매합니다.
这些面包卖半价。
Zhèxiē miànbāo mài bàn jià.
쩌시에 미엔빠오 마이 빤 지아

빵 두 개를 사시면 하나를 더 드립니다.
买两个面包就加一个面包。
Mǎi liǎng ge miànbāo jiù jiā yí ge miànbāo.
마이 리앙 거 미엔빠오 지우 지아 이 거 미엔빠오

89

365

가족에 대해 물을 때

가족은 몇 분이나 됩니까?

请问你家有几口人?

Qǐngwèn nǐ jiā yǒu jǐ kǒu rén?

칭원 니 지아 여우 지 커우 런

식구는 많습니까?

家里人多吗?

Jiāli rén duō ma?

지아리 런 뛰 마

가족에 대해 좀 말씀해 주시겠습니까?

能谈谈您的家人吗?

Néng tántan nín de jiārén ma?

넝 탄탄 닌 더 지아런 마

부모님과 함께 사세요?

跟父母一起过吗?

Gēn fùmǔ yìqǐ guò ma?

껀 푸무 이치 꿔 마

277

365

생선을 구입할 때

이 생선은 얼마입니까?

这条鱼多少钱?

Zhè tiáo yú duōshao qián?

쩌 티아오 위 뚜어샤오 치엔

오징어 두 마리와 문어 한 마리 주세요.

给我两条乌贼和一条章鱼。

Gěi wǒ liǎng tiáo wūzéi hé yì tiáo zhāngyú.

게이 워 리앙 티아오 우저 흐어 이 티아오 짱위

얼마나 원하십니까?

你要多少?

Nǐ yào duōshao?

니 이야오 뚜어샤오

저 백화점에서는 많은 상품들을 특가판매하고 있답니다.

听说那家百货公司特价处理很多产品。

Tīngshuō nà jiā bǎihuògōngsī tèjià chǔli hěn duō chǎnpǐn.

팅슈어 나 지아 빠이후어꽁쓰 트어지아 추리 헌 뚜어 찬핀

90

365

가족에 대해 대답할 때

우리 식구는 다섯 명입니다.
我家有五口人。
Wǒ jiā yǒu wǔ kǒu rén.
워 지아 여우 우 커우 런

난 독자예요. 당신은 어때요?
我是独生子，你呢？
Wǒ shì dúshēngzǐ, nǐ ne?
워 스 두셩쯔, 니 너

우리 가족은 매우 화목해요.
我们一家非常和睦。
Wǒmen yì jiā fēicháng hémù.
워먼 이 지아 페이창 허무

저희 집은 대(소)가족입니다.
我家是个大（小）家族。
Wǒ jiā shì ge dà (xiǎo) jiāzú.
워 지아 스 거 따 (시아오) 지아주

부모님과 함께 사세요?
跟父母一起过吗？
Gēn fùmǔ yìqǐ guò ma?
껀 푸무 이치 꿔 마

276

365

고기를 구입할 때

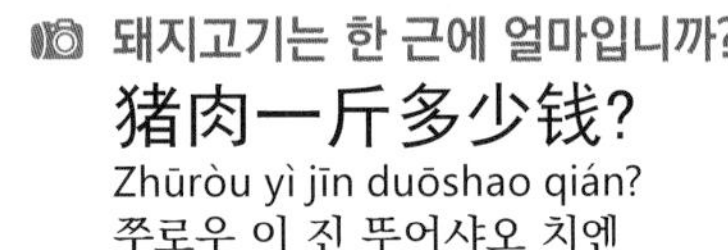

돼지고기는 한 근에 얼마입니까?

猪肉一斤多少钱?

Zhūròu yì jīn duōshao qián?

쭈로우 이 진 뚜어샤오 치엔

소고기가 돼지고기보다 비쌉니다.

牛肉比猪肉贵。

Niúròu bǐ zhūròu guì.

니우로우 비 쭈로우 꾸이

포크커틀렛을 만들려면 어느 고기를 사야 합니까?

要作炸猪排，要买哪种肉?

Yào zuò zá zhūpái, yào mǎi nǎ zhǒng ròu?

이야오 쭈어 자 쭈파이, 이야오 마이 나 종 로우

91

365

자녀에 대해 물을 때

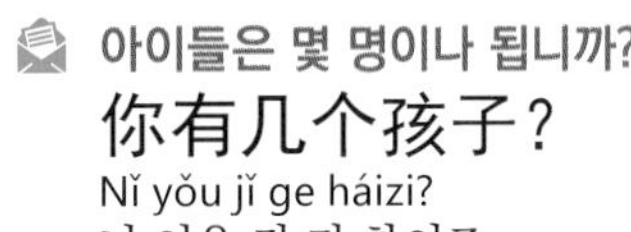

아이들은 몇 명이나 됩니까?

你有几个孩子?

Nǐ yǒu jǐ ge háizi?

니 여우 지 거 하이즈

자녀들은 몇 살입니까?

子女多大了?

Zǐnǚ duō dà le?

즈뉘 뚸 따 러

애들 이름이 뭐죠?

孩子们叫什么名字?

Háizimen jiào shénme míngzi?

하이즈먼 지아오 선머 밍즈

애들은 학교에 다니나요?

孩子们上学了吗?

Háizimen shàngxué le ma?

히이즈먼 샹쉐 러 마

아이는 언제 가질 예정입니까?

你们想什么时候要孩子?

Nǐmen xiǎng shénme shíhou yào háizi?

니먼 시앙 션머 스허우 야오 하이즈

275

365

과일을 구입할 때

이 사과는 어떻게 팝니까?

这苹果怎么卖?

Zhè píngguǒ zěnme mài?

쩌 핑구어 쩐머 마이

이 수박 2통을 사면 하나를 더 드립니다.

这西瓜买两个就加给一个。

Zhè xīguā mǎi liǎng ge jiù jiā gěi yí ge.

쩌 시구아 마이 리앙 거 지우 지아 게이 이 거

모든 과일이 다 있습니다.

各种水果什么都有。

Gè zhǒng shuǐguǒ shénme dōu yǒu.

꺼 종 슈이구어 션머 또우 여우

산지 직송한 포도를 30% 할인하여 팔고 있습니다.

从产地直接送来的葡萄打七折。

Cóng chǎndì zhíjiē sòng lái de pútáo dǎ qī zhé.

총 찬띠 즈지에 쏭 라이 더 푸타오 따 치 저

92

365

형제자매에 대해 말할 때

형제나 자매가 있습니까?

有兄弟姐妹吗?

Yǒu xiōngdìjiěmèi ma?

여우 씨옹디지에메이 마

형이 둘 있는데 누나는 없어요.

有两个哥哥，没有姐姐。

Yǒu liǎng ge gēge, méiyou jiějie.

여우 량 거 꺼거, 메이여우 지에지에

여동생은 올해 몇 살입니까?

妹妹今年多大?

Mèimei jīnnián duō dà?

메이메이 진니엔 뚸 따

누나는 회사에 다닙니다.

我姐姐在公司工作。

Wǒ jiějie zāi gōngsī gōngzuò.

워 지에지에 짜이 꽁스 꽁쭤

274

365

채소를 구입할 때

배추는 어디에서 삽니까?
白菜在哪里买呢?
Báicài zài nǎli mǎi ne?
빠이차이 짜이 나리 마이 너

당근 1킬로그램 주세요.
给我一公斤红萝卜。
Gěi wǒ yì gōngjīn hóngluóbo.
게이 워 이 꽁진 홍루어뽀

고추 좀 더 주세요.
多给几个辣椒。
Duō gěi jǐ ge làjiāo.
뚜어 게이 지 거 라지아오

이 들깨는 수입한 것입니까 국산입니까?
这些白苏是进口的还是国产的?
Zhèxiē básū shì jìnkǒu de háishi guóchǎn de?
쩌시에 바이스 스 진코우 더 하이스 구어찬 더

93

365

직업을 묻고 말할 때

어떤 일을 합니까?

你是做什么工作的?

Nǐ shì zuò shénme gōngzuò de?

니 스 쭤 션머 꿍쭤 더

당신 직업이 무엇입니까?

你的职业是什么?

Nǐ de zhíyè shì shénme?

니 더 즈이에 스 션머

저는 장사를 합니다.

我是商人。

Wǒ shì shāngrén.

워 스 샹런

저는 택시운전기사입니다.

我是出租汽车司机。

Wǒ shì chūzūqìchē sījī.

워 스 추쭈치처 쓰지

273

365

식품을 구입할 때

원산지는 어디입니까?

从哪儿生产的?

Cóng nǎr shēngchǎn de?

총 날 셩찬 더

킬로그램으로 파는 겁니까?

是论公斤卖的吗?

Shì lùn gōngjīn mài de ma?

스 룬 꽁진 마이 더 마

저는 1킬로그램이면 충분합니다.

我要一公斤就够啦。

Wǒ yào yì gōngjīn jiù gòu la.

워 이야오 이 꽁진 지우 꺼우 라

요즘은 무공해 식품이 인기가 있습니다.

现在时兴吃绿色食品。

Xiànzài shíxìng chī lǜsè shípǐn.

시엔짜이 스끄앙 츠 뤼써 스핀

94

365

직장에 대해 말할 때

당신은 어느 회사에 근무하십니까?

您在哪个公司工作?

Nín zài nǎge gōngsī gōngzuò?

닌 짜이 나거 꿍쓰 꿍쭤

어디에 출근하십니까?

你在哪儿上班?

Nǐ zài nǎr shàngbān?

니 짜이 날 샹빤

결혼 후에도 계속 직장에 다닙니까?

你结婚以后还在上班吗?

Nǐ jiéhūn yǐhòu hái zài shàngbān ma?

니 지에훈 이허우 하이 짜이 샹빤 마

무슨 일을 하고 계십니까?

你是干什么的?

Nǐ shì gàn shénme de?

니 스 깐 션머 더

272

365

해수욕을 즐길 때

바닷가에 가서 해수욕을 합니다.
去海滩洗海水浴。
Qù hǎitān xǐ hǎishuǐyù.
취 하이탄 시 하이슈이위

여름에 해수욕을 하려는 사람들 때문에 호텔은 항상 만원입니다.
在夏季因为要洗海水浴的人，饭店总是满员。
Zài xiàjì yīnwèi yào xǐ hǎishuǐyù de rén, fàndiàn zǒngshì mǎnyuán.
짜이 시아지 인웨이 이야오 시 하이슈이위 더 런, 판디엔 쫑스 만위엔

해수욕을 할 때는 안전요원의 말을 잘 들어야 합니다.
洗海水浴的时候，一定要注意听安全人员的话。
Xǐ hǎishuǐyù de shíhou, yídìng yào zhùyì tīng ānquán rényuán de huà.
시 하이슈이위 더 스호우, 이띵 이야오 쭈이 팅 안취엔 런위엔 더 화

바닷가에서 너무 멀리까지 헤엄치지 말아야 합니다.
在海水浴场不许游到远处。
Zài hǎishuǐyùchǎng bù xǔ yóu dào yuǎnchù.
짜이 하이슈이위창 뿌 쉬 여우 따오 위엔추

어린아이들은 부모와 함께 물에 들어가야 합니다.
小孩子们一定跟父母一起进去海水。
Xiǎo háizimen yídìng gēn fùmǔ yìqǐ jìnqù hǎishuǐ.
시아오 하이즈먼 이띵 껀 푸무 이치 진취 하이슈이

95

365

출퇴근에 대해 말할 때

몇 시에 출근합니까?

几点上班？

Jǐ diǎn shàngbān?

지 디엔 샹빤

지금 출근하십니까?

你现在上班吗？

Nǐ xiànzài shàngbān ma?

니 시엔짜이 샹빤 마

지각한 적은 없습니까?

你没有迟到过吗？

Nǐ méiyou chídàoguo ma?

니 메이여우 츠따오 꿔 마

언제 퇴근합니까?

你什么时候下班？

Nǐ shénme shíhou xiàbān?

니 션머 스허우 시아빤

집에서 회사까지 멉니까?

从家到公司远吗？

Cóng jiā dào gōngsī yuǎn ma?

총 지아 따오 꿍쓰 위엔 마

271

365

야유회를 즐길 때

이번 주 일요일에 직원들끼리 야유회를 간다.

这个星期天跟职员们一起去郊游会。

Zhège xīngqītiān gēn zhíyuánmen yìqǐ qù jiāoyóuhuì.

쩌거 싱치티엔 껀 즈위엔먼 이치 취 지아오여우후이

야유회 장소는 어디로 정하지?

去郊游会到什么地方好呢?

Qù jiāoyóuhuì dào shénme dìfang hǎo ne?

취 지아오여우후이 따오 션머 띠팡 하오 너

야유회 가기 전에 어떤 것을 준비해야 합니까?

去郊游会以前要准备什么东西?

Qù jiāoyóuhuì yǐqián yào zhǔnbèi shénme dōngxi?

취 지아오여우후이 이치엔 이야오 준뻬이 션머 똥시

매번 야유회에 우리는 고기를 구워 먹었다.

每次去郊游会的时候，我们都吃烤肉。

Měicì qù jiāoyóuhuì de shíhou, wǒmen dōu chī kǎoròu.

메이츠 취 지아오여우후이 더 스호우, 워먼 또우 츠 카오로우

잔업은 늘 합니까?

经常加班吗?

Jīngcháng jiābān ma?

징창 지아빤 마

하루에 몇 시간씩 일합니까?

一天工作几个小时?

Yì tiān gōngzuò jǐ ge xiǎoshí?

이 티엔 꽁줘 지 거 시아오스

토요일은 반나절만 일합니다.

星期六，只上半天班。

Xīngqīliù, zhǐ shàng bàntiān bān.

씽치리우, 즈 샹 빤티엔 빤

당신네 회사에서는 늘 잔업을 합니까?

你们公司经常加班吗?

Nǐmen gōngsī jīngcháng jiābān ma?

니먼 꽁쓰 징창 지아빤 마

잔업을 하면 힘은 들지만 잔업수당이 있습니다.

加班累是累，但有加班费。

Jiābān lèi shì lèi, dàn yǒu jiābānfèi.

지아빤 레이 스 레이, 딴 여우 지아빤페이

270

365

등산을 즐길 때

요즘 한국 사람들은 등산을 많이 다닙니다.

最近许多韩国人常去登山。

Zuìjìn xǔduō hánguórén cháng qù dēngshān.

쭈이진 쉬뚜어 한구어런 창 취 떵샨

산을 오르기는 힘들지만 정상에 오르면 기분이 매우 좋습니다.

登上去山的时候很苦，但是一到山顶就很爽快。

Dēngshàng qù shān de shíhou hěn kǔ, dànshì yí dào shāndǐng jiù hěn shuǎngkuai.

떵샹 취 샨 더 스호우 헌 쿠, 딴스 이 따오 샨띵 지우 헌 슈왕쿠와이

저는 세계 각국의 명산을 오르고 싶습니다.

我想爬上世界各国的名山。

Wǒ xiǎng pá shang shìjiè gèguó de míngshān.

워 시앙 파 샹 스지에 꺼꾸어 더 밍샨

우리 회사 내에는 등산 모임이 있습니다.

我们公司里有登山团体。

Wǒmen gōngsī li yǒu dēngshān tuántǐ.

워먼 꽁쓰 리 여우 떵샨 투안티

97

 365

급료에 대해 말할 때

한 달에 월급은 얼마입니까?
一个月工资是多少？
Yí ge yuè gōngzī shì duōshao?
이 거 위에 꿍즈 스 뚸샤오

교통비는 실비로 지급합니다.
交通费是实报实销的。
Jiāotōngfèi shì shíbàoshíxiāo de.
지아오통페이 스 스빠오스시아오 더

시간외 근무는 잔업수당이 있습니다.
加班就有加班费。
Jiābān jiù yǒu jiābānfèi.
지아빤 지우 여우 지아빤페이

출장 시에는 출장수당이 있습니다.
出差时有出差费。
Chūchāi shí yǒu chūchāifèi.
추차이 스 여우 추차이페이

269

365

해양스포츠를 즐길 때

원드서핑 배우기가 힘듭니까?

学帆板容易不容易?

Xué fānbǎn róngyìburóngyì?

쉬에 판반 용이뿌롱이

제가 살던 바닷가 주변에 수상스키 타는 곳이 있습니다.

在我住过的海边有滑水的地方。

Zài wo zhùguo de hǎibian yǒu huáshuǐ de dìfang.

짜이 워 쭈구어 더 하이비엔 여우 화슈이 더 띠팡

해양스포츠는 한국보다는 외국에서 즐기는 사람이 많습니다.

在外国比韩国做海洋运动的人更多。

Zài wàiguó bǐ hánguó zuò hǎiyáng yùndòng de rén gèng duō.

짜이 와이구어 비 한구어 쭈어 하이양 윈똥 더 런 껑 뚜어

이번 여름에 많은 해양 스포츠 중 하나를 배울 것이다.

这次夏季，我一定学一个海洋运动。

Zhècì xiàjì, wǒ yídìng xué yí ge hǎiyáng yùndòng.

쩌츠 시아지, 워 이띵 쉬에 이거 하이양 윈똥

요트를 타 보지는 않았고, 해변에서 몇 번 본 적이 있습니다.

我没有乘过快艇，只在海边看过几次。

Wǒ méiyou chéngguo kuài tǐng, zhǐ zài hǎibian kànguo jǐ cì.

워 메이여우 청구어 쿠와이 팅, 즈 짜이 하이비엔 칸구어 지 츠

98

365

휴가에 대해 말할 때

매주 이틀간 쉽니다.
每星期休息两天。
Měi xīngqī xiūxi liǎng tiān.
메이 씽치 씨우시 량 티엔

이번 휴가는 며칠 쉽니까?
这次休几天假?
Zhècì xiū jǐ tiān jià?
쩌츠 씨우 지 티엔 지아

이번 휴가를 어떻게 보내실 겁니까?
这次休假你打算怎么过?
Zhècì xiūjià nǐ dǎsuan zěnme guò?
쩌츠 씨우지아 니 따쏸 쩐머 꿔

여름휴가가 있습니까?
有暑假吗?
Yǒu shǔjià ma?
여우 수지아 마

여름에는 일주일 휴가가 있습니다.
夏天有一个星期的假期。
Xiàtiān yǒu yí ge xīngqī de jiàqī.
시아티엔 여우 이 거 씽치 더 지아치

268

스키를 즐길 때

가끔 스키를 타러 가시나요?

你经常去滑雪吗?

Nǐ jīngcháng qù huáxuě ma?

니 징창 취 화쉬에 마

스키를 타 본 적이 없습니다.

我没有滑过雪。

Wǒ méiyou huáguo xuě.

워 메이여우 화구어 쉬에

스키에는 관심이 없습니다.

我对滑雪没有兴趣。

Wǒ duì huáxuě méiyou xìngqù.

워 뚜이 화쉬에 메이여우 싱취

스키용품을 빌리는 데 얼마나 들죠?

借滑雪用品要花多少钱?

Jiè huáxuě yòngpǐn yào huā duōshao qián?

지에 화쉬에 용핀 이야오 화 뚜어샤오 치엔

99

365

학교·학생에 대해 말할 때

당신은 학생입니까?

你是上学的吗？

Nǐ shì shàngxué de ma?

니 스 샹쉐 더 마

당신은 학생이지요?

你是学生吧？

Nǐ shì xuésheng ba?

니 스 쉐셩 바

당신은 대학생입니까?

你是不是大学生？

Nǐ shìbushì dàxuésheng?

니 스부스 따쉐셩

어느 학교에 다니십니까?

请问你上哪个学校？

Qǐngwèn nǐ shàng nǎge xuéxiào?

칭원 니 샹 나거 쉐시아오

267

365

승마를 즐길 때

승마를 배운 지는 얼마나 됐습니까?

你学骑马学了多长时间?

Nǐ xué qí mǎ xuéle duō cháng shíjiān?

니 쉬에 치 마 쉬에러 뚜어 창 스지엔

어렸을 때부터 승마를 했습니다.

从小时候开始骑马。

Cóng xiǎo shíhou kāishǐ qí mǎ.

총 시아오 스호우 카이스 치 마

저는 승마에 대해서 아는 것이 없어요.

关于骑马我没有什么知识。

Guānyú qí mǎ wǒ méiyou shénme zhīshí.

꾸안위 치 마 워 메이여우 션머 즈스

처음 시작하기에 승마는 쉽습니까?

一开始骑马难不难?

Yì kāishǐ qí mǎ nánbunán?

이 카이스 치 마 난뿌난

100

365

학위와 전공에 대해 말할 때

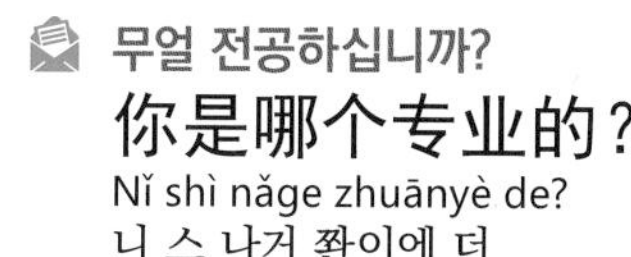

무얼 전공하십니까?
你是哪个专业的？
Nǐ shì nǎge zhuānyè de?
니 스 나거 쫜이에 더

어떤 학위를 가지고 계십니까?
请问你有什么学位？
Qǐngwèn nǐ yǒu shénme xuéwèi?
칭원 니 여우 션머 쉐웨이

대학교 때 전공이 무엇이었습니까?
大学时候是什么专业？
Dàxué shíhou shì shénme zhuānyè?
따쉐 스허우 스 션머 쫜이에

교육학을 전공하고 있습니다.
我专攻教育学呢。
Wǒ zhuāngóng jiàoyùxué ne.
워 쫜꿍 지아오위쉐 너

266

365

수영을 즐길 때

수영하러 갑시다.

咱们去游泳吧。

Zánmen qù yóuyǒng ba.

잔먼 취 여우용 바

어떤 형의 수영을 좋아하십니까?

你喜欢哪种姿势的游泳?

Nǐ xǐhuan nǎ zhǒng zīshì de yóuyǒng?

니 시후안 나 종 쯔스 더 여우용

얼마나 멀리 헤엄칠 수 있습니까?

你能游多长距离?

Nǐ néng yóu duō cháng jùlí?

니 넝 여우 뚜어 창 쥐리

수영을 하기 전에 준비운동을 해야 합니다.

游泳之前要做准备运动。

Yóuyǒng zhī qián yào zuò zhǔnbèi yùndòng.

여우용 즈 치엔 이야오 쭈어 준뻬이 윈똥

저는 물에서 맥주병입니다.

我在水中简直是个旱鸭子。

Wǒ zài shuǐ zhōng jiǎnzhí shì ge hànyāzi.

워 짜이 슈이 중 지엔즈 스 거 한야즈

101

365

학교생활에 대해 말할 때

매일 4교시가 있습니다.

每天有四节课。

Měitiān yǒu sì jié kè.

메이티엔 여우 쓰 지에 커

아르바이트를 하고 있나요?

你正在打工吗？

Nǐ zhèngzài dǎgōng ma?

니 쩡짜이 따꿍 마

중국에서는 시험경쟁이 치열합니까?

在中国升学竞争激烈吗？

Zài Zhōngguó shēngxué jìngzhēng jīlie ma?

짜이 쭝궈 셩쉐 징쩡 지리에 마

어떤 동아리활동을 하고 있니?

你加入什么团体活动？

Nǐ jiārù shénme tuántǐ huódòng?

니 지아루 션머 퇀티 훠동

선생님이 매일 숙제를 내줍니다.

老师每天留家庭作业。

Lǎoshī měitiān liú jiātíng zuòyè.

라오스 메이티엔 리우 지아팅 쭤이에

265

365

골프를 즐길 때

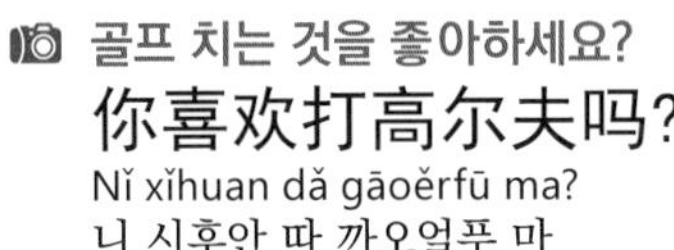

골프 치는 것을 좋아하세요?

你喜欢打高尔夫吗?

Nǐ xǐhuan dǎ gāoěrfū ma?

니 시후안 따 까오얼푸 마

핸디가 얼마입니까?

你让几个球?

Nǐ ràng jǐ ge qiú?

니 랑 지 거 치우

골프를 간혹 칩니다.

我偶尔打打高尔夫。

Wǒ ǒuěr dǎda gāoěrfū.

워 오얼 따따 까오얼푸

골프는 별로 좋아하지 않습니다.

我不大喜欢高尔夫。

Wǒ bú dà xǐhuan gāoěrfū.

워 부 따 시후안 까오얼푸

102

365

고향에 대해 말할 때

고향은 어디입니까?

你的家乡是哪儿？

Nǐ de jiāxiāng shì nǎr?

니 더 지아시앙 스 날

제 고향은 작은 시골에 있습니다.

我的老家在一个小山村。

Wǒ de lǎojiā zài yí ge xiǎo shāncūn.

워 더 라오지아 짜이 이 거 시아오 샨춘

제 고향은 하얼빈입니다.

我的家乡是哈尔滨。

Wǒ de jiāxiāng shì Hāěrbīn.

워 더 지아시앙 스 하얼삔

제 고향은 아주 아름답습니다.

我的家乡很美丽。

Wǒ de jiāxiāng hěn měilì.

워 더 지아시앙 헌 메이리

264

365

야구를 즐길 때

그 선수 타율이 어떻습니까?

那选手打率怎么样?

Nà xuǎnshǒu dǎlǜ zěnmeyàng?

나 쉬엔쇼우 따뤼 쩐머이양

지금 몇 회입니까?

这是第几回合?

Zhè shì dì jǐ huí hé?

쩌 스 띠 지 후이 흐어

지금 만루입니다.

现在是满垒。

Xiànzài shì mǎnlěi.

시엔짜이 스 만레이

저는 텔레비전으로 야구경기를 보는 것을 좋아합니다.

我喜欢看电视的棒球赛。

Wǒ xǐhuan kàn diànshì de bàngqiúsài.

워 시후안 칸 띠엔스 더 빵치우싸이

103

 365

거주지를 물을 때

집은 어디에 있습니까?
你家在哪儿?
Nǐ jiā zài nǎr?
니 지아 짜이 날

이 근처에 살고 있어요.
住在这附近。
Zhù zài zhè fùjìn.
쭈 짜이 쩌 푸진

그곳에서 얼마나 사셨어요?
你在那儿住多久了?
Nǐ zài nàr zhù duō jiǔ le?
니 짜이 날 쭈 뚸 지우 러

당신의 집은 회사에서 멉니까?
你家离公司远吗?
Nǐ jiā lí gōngsī yuǎn ma?
니 지아 리 꿍스 위엔 마

당신 집까지 가는 데 얼마나 시간이 걸립니까?
去你家需要多长时间?
Qù nǐ jiā xūyào duō cháng shíjiān?
취 니 지아 쉬야오 뚸 창 스지엔

263

365

축구를 즐길 때

전 축구를 해요.
我踢足球。
Wǒ tī zúqiú.
워 티 주치우

승리는 우리의 것입니다.
胜利属于我们。
Shènglì shǔyú wǒmen.
셩리 슈위 워먼

우리는 2:5로 패배했어요.
我们二比五失利了。
Wǒmen èr bǐ wǔ shīlì le.
워먼 얼 비 우 스리 러

저는 축구팀의 후보 선수입니다.
我是球队的替补选手。
Wǒ shì qiúduì de tìbǔ xuǎnshǒu.
워 스 치우뚜이 더 티뿌 쉬엔쇼우

104

 365

집 안의 시설을 물을 때

당신의 집은 아파트입니까, 단독주택입니까?
你家是公寓还是独门宅院?
Nǐ jiā shì gōngyù háishi dúmén zháiyuàn?
니 지아 스 꽁위 하이스 두먼 자이위엔

당신 집은 방이 몇 개입니까?
你家有几个房间?
Nǐ jiā yǒu jǐ ge fángjiān?
니 지아 여우 지 거 팡지엔

우리 집은 방 3개, 거실이 하나입니다.
我的房子是三室一厅。
Wǒ de fángzi shì sān shì yì tīng.
워 더 팡즈 스 산 스 이 팅

부엌이 아주 깨끗하군요.
厨房很干净。
Chúfáng hěn gānjìng.
추팡 헌 깐징

방을 아주 아담하게 꾸몄군요.
房间布置得很温馨。
Fángjiān bùzhì de hěn wēnxīn.
팡지엔 뿌즈 더 헌 원씬

262

스포츠 관전과 중계

어느 팀이 이길 것 같습니까?

你看哪个队能赢?

Nǐ kàn nǎge duì néng yíng?

니 칸 나거 뚜이 넝 잉

점수가 어떻게 됐어요?

现在分数怎么样了?

Xiànzài fēnshù zěnmeyàng le?

시엔짜이 펀슈 쩐머이양 러

그 경기는 무승부로 끝났어요.

那场赛平了。

Nà chǎng sài píng le.

나 창 싸이 핑 러

오늘 밤 그 경기가 텔레비전에 방영됩니까?

今晚的比赛电视转播吗?

Jīnwǎn de bǐsài diànshì zhuǎnbō ma?

진완 더 비싸이 띠엔스 쭈안뽀 마

당신은 어느 팀을 응원하고 있지요?

你在为哪个队加油?

Nǐ zài wèi nǎge duì jiāyóu?

니 짜이 웨이 나거 뚜이 지아여우

105

 365

나이에 대해 물을 때

몇 살이세요?

多大了？

Duō dà le?

뚸 따 러

나이를 여쭤봐도 될까요?

打听岁数不失礼吧？

Dǎtīng suìshù bù shīlǐ ba?

따팅 쑤이수 뿌 쓰리 바

나이가 어떻게 되십니까?

请问你多大岁数？

Qǐngwèn nǐ duō dà suìshù?

칭원 니 뚸 따 쑤이수

그가 몇 살인지 물어봐도 될까요?

我可以问他多大岁数吗？

Wǒ kěyǐ wèn tā duō dà suìshù ma?

워 커이 원 타 뚸 따 쑤이수 마

좋아하는 스포츠가 뭡니까?

你喜欢哪种体育项目?

Nǐ xǐhuan nǎ zhǒng tǐyù xiàngmù?

니 시후안 나 종 티위 시앙무

저는 스포츠광입니다.

我是个体育迷。

Wǒ shì ge tǐyùmí.

워 스 거 티위미

그는 운동신경이 발달했습니다.

他运动神经很发达。

Tā yùndòng shénjīng hěn fādá.

타 윈똥 션징 헌 파따

당신은 얼마나 자주 운동을 하세요?

你经常参加运动吗?

Nǐ jīngcháng cānjiā yùndòng ma?

니 징창 찬지아 윈똥 마

저는 스포츠 중 농구를 가장 좋아합니다.

在体育项目中我最喜欢篮球。

Zài tǐyù xiàngmù zhōng wǒ zuì xǐhuan lánqiú.

짜이 티위 시앙무 중 워 쭈이 시후안 란치우

106

365

나이에 대해 대답할 때

서른 다섯입니다.

三十五了。

Sānshíwǔ le.

싼스우 러

20대 초반입니다.

刚过二十岁。

Gāng guò èrshí suì.

깡 꿔 얼스 쑤이

30대 후반입니다.

三十多快四十了。

Sānshí duō kuài sìshí le.

싼스 뚸 콰이 쓰스 러

40대입니다.

我四十多了。

Wǒ sìshí duō le.

워 쓰스 뚸 러

저와 동갑이군요.

你和我同岁呀。

Nǐ hé wǒ tóngsuì ya.

니 허 워 통쑤이 야

260

365

여가활동에 대해

저는 퇴근 후에 수영을 다닙니다.

我下班以后去游泳。

Wǒ xiàbān yǐhòu qù yóuyóng.

워 시아빤 이호우 취 여우용

주말에 그들 부부는 등산을 한다.

周末的时候，他们夫妇去登山。

Zhōumò de shíhou, tāmen fūfù qù dēngshān.

쪼우머 더 스호우, 타먼 푸푸 취 떵샨

제 취미는 쉬는 날에 공기 좋은 야외에 나가서 낚시를 하는 것입니다.

我的嗜好是休息天到空气晴朗的野外钓鱼。

Wǒ de shìhào shì xiūxitiān dào kōngqì qīngláng de yěwài diàoyú.

워 더 스하오 스 시우티엔 따오 콩치 칭랑 더 이에와이 띠아오위

물론 많은 취미가 있지만, 제일 즐기는 건 독서입니다.

虽然有很多爱好，但最喜欢的是看书。

Suīrán yǒu hěn duō àihào, dàn zuì xǐhuan de shì kànshū.

수이란 여우 헌 뚜어 아이하오, 딴 쭈이 시후안 더 스 칸슈

107

365

생일에 대해 말할 때

언제 태어났습니까?

什么时候出生的?

Shénme shíhou chūshēng de?

션머 쓰허우 추셩 더

몇 년도에 태어나셨어요?

哪年出生?

Nǎ nián chūshēng?

나 니엔 추셩

생일은 몇 월 며칠입니까?

你的生日是几月几号?

Nǐ de shēngrì shì jǐ yuè jǐ hào?

니 더 셩르 스 지 위에 지 하오

오늘이 당신 생일이잖아요, 그렇죠?

今天不是你的生日吗? 对不对?

Jīntiān búshì nǐ de shēngrì ma? duìbuduì?

진티엔 부스 니 더 셩르 마 뚜이부뚜이

259

365

병문안을 할 때

기분이 좀 어떠세요?
你心情好点吗?
Nǐ xīnqíng hǎo diǎn ma?
니 신칭 하오 디엔 마

좀 나아지셨습니까?
病情好点儿了吗?
Bìngqíng hǎo diǎnr le ma?
삥칭 하오 디얼 러 마

곧 나아지길 바랍니다.
我希望你早日康復。
Wǒ xīwàng nǐ zǎorì kāngfù.
워 시왕 니 짜오르 캉푸

어쩌다가 다치셨습니까?
你是怎么受伤的?
Nǐ shì zěnme shòushāng de?
니 스 쩐머 쇼우샹 더

당신 건강이 좋아지셨다니 기쁩니다.
你有了好转，我很高兴。
Nǐ yǒule hǎo zhuǎn, wǒ hěn gāoxìng.
니 여우러 하오 쭈안, 워 헌 까오싱

108

365

결혼에 대해 묻고 답할 때

결혼하셨습니까?

请问，你结婚了吗？

Qǐngwèn, nǐ jiéhūn le ma?

칭원, 니 지에훈 러 마

언제 결혼을 하셨습니까?

什么时候成家的？

Shénme shíhou chéngjiā de?

션머 스허우 청지아 더

결혼한 지 얼마나 됐습니까?

结婚多长时间了？

Jiéhūn duō cháng shíjiān le?

지에훈 뚸 창 스지엔 러

신혼부부이시군요.

还是个新婚夫妻嘛。

Háishi ge xīnhūn fūqī ma.

하이스 거 씬훈 푸치 마

독신입니다.

我是单身。

Wǒ shì dānshēn.

워 스 딴션

258

 365

진찰을 받을 때

얼마나 있어야 나을까요?
多长时间才能好啊?
Duō cháng shíjiān cái néng hǎo a?
뚜어 창 스지엔 차이 넝 하오 아

검진해 봅시다.
检查检查看看。
Jiǎnchá jiǎnchá kànkan.
지엔차 지엔차 칸칸

얼마나 자주 이 알약을 복용해야 됩니까?
要间隔多长时间服用一次?
Yào jiàngé duō cháng shíjiān fúyòng yí cì?
이야오 지엔꺼 뚜어 창 스지엔 푸융 이 츠

입원해야 합니까?
需要住院吗?
Xūyào zhùyuàn ma?
쉬이야오 쭈위엔 마

109

365

이혼·재혼에 대해 말할 때

별거 중입니다.

我们正在分居。

Wǒmen zhèngzài fēnjū.

워먼 쩡짜이 펀쥐

이혼했습니다.

我离婚了。

Wǒ líhūn le.

워 리훈 러

우리는 이혼할 예정입니다.

我们打算离婚。

Wǒmen dǎsuan líhūn.

워먼 따쑤안 리훈

그는 최근에 재혼했습니다.

他最近刚再婚。

Tā zuìjìn gāng zàihūn.

타 쭈이찐 깡 짜이훈

257

365

통증을 호소할 때

머리가 깨지는 것같이 아픕니다.

头痛得像刀割似的。

Tóuténg de xiàng dāo gē sì de.

토우텅 더 시앙 따오 꺼 쓰 더

피곤하고 기운이 없어요.

浑身疲惫，没有力气。

Húnshēn píbèi, méiyou lìqì.

후이션 피뻬이, 메이여우 리치

목이 뻐근해요.

脖子僵硬。

Bózi jiāngyìng.

보어즈 지앙잉

다리가 저려서 걷지 못하겠습니다.

我因为腿麻走不动了。

Wǒ yīnwèi tuǐ má zǒu bú dòng le.

워 인웨이 투이 마 쪼우 부 똥 러

자전거를 타다가 넘어져 어깨를 삐었습니다.

骑自行车摔倒，把肩膀给扭了。

Qí zìxíngchē shuāidǎo, bǎ jiānbǎng gěi niǔ le.

치 쯔싱처 슈와이따오, 바 지엔빵 게이 니우 러

110

365

취미와 흥미를 물을 때

취미는 무엇입니까?

你的爱好是什么？

Nǐ de àihào shì shénme?

니 더 아이하오 스 션머

취미를 물어도 될까요?

请问有什么趣味？

Qǐngwèn yǒu shénme qùwèi?

칭원 여우 션머 취웨이

무엇을 수집하십니까?

你收集什么？

Nǐ shōují shénme?

니 쇼우지 션머

음악 감상을 좋아하세요?

你爱听音乐吗？

Nǐ ài tīng yīnyuè ma?

니 아이 팅 인위에 마

256

증상을 설명할 때

恶心，呕吐，胸闷。
Èxīn, ǒutù, xiōngmèn.
으어신, 오우투, 시옹먼

운동하다가 다쳤어요.
运动的时候受伤了。
Yùndòng de shíhou shòushāng le.
윈똥 더 스호우 쇼우샹 러

감기에 걸린 것 같습니다.
好像感冒了。
Hǎoxiàng gǎnmào le.
하오시앙 간마오 러

몹시 가려운 것 같습니다.
好像很痒痒。
Hǎoxiàng hěn yǎngyang.
하오시앙 헌 양양

111

 365

취미와 흥미에 대해 대답할 때

제 취미는 독서입니다.
我的爱好是读书。
Wǒ de àihào shì dúshū.
워 더 아이하오 스 두수

제 취미는 음악 감상입니다.
我爱好听音乐。
Wǒ àihào tīng yīnyuè.
워 아이하오 팅 인위에

대단히 좋은 취미를 가지셨군요.
你有挺不错的爱好。
Nǐ yǒu tǐng búcuò de àihào.
니 여우 팅 부춰 더 아이하오

사람마다 각자의 취미가 있습니다.
人们都有各自喜好。
Rénmen dōu yǒu gèzì xǐhào.
런먼 떠우 여우 꺼즈 시하오

저의 취미는 다양해요.
我的兴趣很广泛。
Wǒ de xīngqù hěn guǎngfàn.
워 더 씽취 헌 꽝판

255

365

병원에 들어가서

배가 아파요.

肚子疼。

Dùzi téng.

뚜즈 텅

이가 아파요.

牙疼。

Yá téng.

이야 텅

귀가 아파요.

耳朵疼。

Ěrduo téng.

얼뚜어 텅

다리가 부었어요.

腿肿了。

Tuǐ zhǒng le.

투이 쭝 러

목이 아파요.

咽喉肿痛。

Yānhóu zhǒngtòng.

이엔호우 쫑통

112

365

여가에 대해 물을 때

여가를 어떻게 보내세요?

你怎么打发闲暇?

Nǐ zěnme dǎfa xiánxiá?

니 쩐머 따파 시엔시아

기분전환으로 무얼 하십니까?

你用什么转换心情?

Nǐ yòng shénme zhuǎnhuàn xīnqíng?

니 융 션머 좐환 신칭

주말에 무슨 계획이 있으세요?

周末有什么计划吗?

Zhōumò yǒu shénme jìhuà ma?

조우머 여우 션머 지화 마

휴일에 무얼 하실 겁니까?

假日打算干什么?

Jiàrì dǎsuan gàn shénme?

지아르 따쏸 깐 션머

254

 365

병원에
가기 전에

몸에 이상이 있는 것 같아요.
好像身体有了异常。
Hǎoxiàng shēntǐ yǒule yìcháng.
하오시앙 션티 여우러 이창

요즘은 쉽게 피로해져요.
最近容易感到疲劳。
Zuìjìn róngyì gǎndào píláo.
쭈이진 롱이 간따오 피라오

갑자기 몸무게가 줄었어요.
体重突然减轻了。
Tǐzhòng tūrán jiǎnqīng le.
티쫑 투란 지엔칭 러

근처에 병원이 있습니까?
这附近有医院吗?
Zhè fùjìn yǒu yīyuàn ma?
쩌 푸진 여우 이위엔 마

113

365

유흥을 즐길 때

좋은 나이트클럽은 있나요?

有好夜总会吗?

Yǒu hǎo yèzǒnghuì ma?

여우 하오 이에종후이 마

인기가 있는 디스코텍은 어디입니까?

最受欢迎的迪厅是哪里?

Zuì shòu huānyíng de dítīng shì nǎlǐ?

쭈이 쇼우 환잉 더 디팅 스 나리

디너쇼를 보고 싶은데요.

想看晚会。

Xiǎng kàn wǎnhuì.

시앙 칸 완후이

이건 무슨 쇼입니까?

这是什么演出?

Zhè shì shénme yǎnchū?

쩌 스 션머 옌추

무대 근처 자리로 주시겠어요?

能给我离舞台近的座位吗?

Néng gěi wǒ lí wǔtái jìn de zuòwèi ma?

넝 게이 워 리 우타이 진 더 쮜웨이 마

253

365

부부싸움 · 이혼에 대해 말할 때

두 분 사이는 좋으시죠?

你们俩怎么啦?

Nǐmen liǎ zěnme la?

니먼 리아 쩐머라

별거 중입니다.

我们正在分居。

Wǒmen zhèngzài fēnjù.

워먼 쩡짜이 펀쥐

죄송합니다.

真不好意思。

Zhēn bùhǎoyìsi.

쩐 뿌하오이쓰

이혼했습니다.

我离婚了。

Wǒ líhūn le.

워 리훈러

우리는 곧 이혼할 예정입니다.

我们打算离婚。

Wǒmen dǎsuan líhūn.

워먼 따수안 리훈

114

365

오락을 즐길 때

카지노는 몇 시부터 합니까?

赌场从几点开始？

Dǔchǎng cóng jǐ diǎn kāishǐ?

뚜창 총 지 디엔 카이스

좋은 카지노를 소개해 주십시오.

请给我介绍好赌场。

Qǐng gěi wǒ jièshào hǎo dǔchǎng.

칭 게이 워 지에샤오 하오 뚜창

카지노는 아무나 들어갈 수 있습니까?

赌场谁都可以进吗？

Dǔchǎng shéi doū kěyǐ jìn ma?

뚜창 쉐이 떠우 커이 찐 마

칩은 어디에서 바꿉니까?

币子在哪儿换？

Bìzi zài nǎr huàn?

삐즈 짜이 날 환

현금으로 주세요.

请给我现金。

Qǐng gěi wǒ xiànjīn.

칭 게이 워 시엔진

252

365

임신 · 출산에 대해 말할 때

의사 선생님, 어떻습니까?

医生先生，怎么样?

Yīshēng xiānsheng, zěnmeyàng?

이셩 시엔셩, 쩐머이양

축하합니다. 임신 6주입니다.

恭喜你，怀孕六周了。

Gōngxǐ nǐ, huáiyùn liù zhōu le.

꽁시 니, 후아이윈 리우 쪼우 러

입덧이 심합니다.

我害口很厲害。

Wǒ hài kǒu hěn lìhai.

워 하이 코우 헌 리하이

출산하셨습니까?

你生孩子了吗?

Nǐ shēng háizi le ma?

니 셩 하이즈 러 마

저는 지난주에 아들을 낳았습니다.

我上个星期生了男孩子。

Wǒ shàngge xīngqī shēngle nánháizi.

워 샹거 싱치 셩러 난하이즈

115

365

레저를 즐길 때

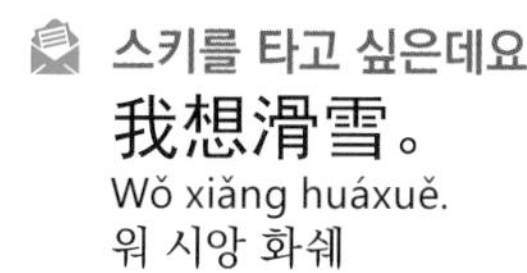

스키를 타고 싶은데요.

我想滑雪。

Wǒ xiǎng huáxuě.

워 시앙 화쉐

레슨을 받고 싶은데요.

我想受训。

Wǒ xiǎng shòuxùn.

워 시앙 셔우쉰

스키용품은 어디에서 빌릴 수 있나요?

滑雪用具在哪儿可以借？

Huáxuě yòngjù zài nǎr kěyǐ jiè?

화쉐 용쥐 짜이 날 커이 지에

리프트 승강장은 어디인가요?

滑雪升降机在哪里？

Huáxuě shēngjiàngjī zài nǎlǐ?

화쉐 성지앙지 짜이 나리

짐은 어디에 보관하나요?

行李在哪儿保管？

Xíngli zài nǎr bǎoguǎn?

싱리 짜이 날 바오관

251

365

결혼생활에 대해 말할 때

저는 신혼입니다.
我是新婚。
Wǒ shì xīnhūn.
워 스 신훈

결혼 생활은 어떻습니까?
结婚后，过得怎么样?
Jiéhūn hòu,　guò de zěnmeyàng?
지에훈 호우,　꾸어 더 쩐머이양

우리 결혼 생활은 매우 재미가 있어요.
我的结婚生活真有意思。
Wǒ de jiéhūn shēnghuó zhēn yǒuyìsi.
워 더 지에훈 셩후어 쩐 여우이쓰

친구들이 나의 결혼생활을 부러워합니다.
我朋友羡慕我们的结婚生活。
Wǒ péngyou xiànmù wǒmen de jiéhūn shēnghuó.
워 펑여우 시엔무 워먼 더 지에훈 셩후어

결혼 후에도 계속 직장에 다닙니까?
你結婚以后還在上班嗎?
Nǐ jiéhūn yǐhòu hái zài shàngbān ma?
니 지에훈 이호우 하이 짜이 샹빤 마

116

365

여행을 즐길 때

나는 여행을 좋아합니다.
我喜欢旅行。
Wǒ xǐhuan lǚxíng.
워 씨환 뤼씽

해외여행을 가신 적이 있습니까?
你到过海外旅游吗？
Nǐ dàoguo haǐwài lǚyóu ma?
니 따오궈 하이와이 뤼여우 마

해외여행은 이번이 처음입니다.
到海外这是第一次。
Dào haǐwài zhè shì dìyīcì.
따오 하이와이 쩌 스 띠이츠

그곳에 얼마나 계셨습니까?
你在那里逗留了多长时间？
Nǐ zaì nàli dòu liúle duō cháng shíjiān?
니 짜이 나리 떠우 리우러 뚸 창 스지엔

언젠가 세계일주를 하고 싶어요.
我想找机会周游世界。
Wǒ xiǎng zhǎo jīhuì zhōuyóu shìjiè.
워 시앙 자오 지후이 조우여우 스지에

250

365

결혼에 대해 말할 때

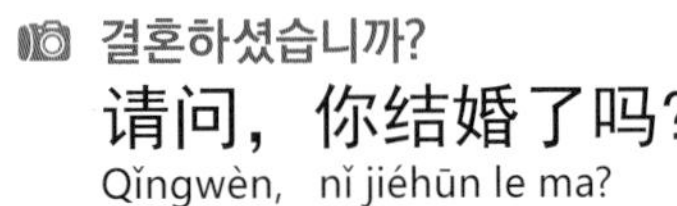

결혼하셨습니까?

请问，你结婚了吗?

Qǐngwèn, nǐ jiéhūn le ma?

칭원, 니 지에훈 러 마

결혼한 지 얼마나 됐습니까?

结婚多长时间了?

Jiéhūn duō cháng shíjiān le?

지에훈 뚜어 창 스지엔 러

결혼한 지 5년이 됐습니다.

结婚五年了。

Jiéhūn wǔ nián le.

지에훈 우 니엔 러

당신은 기혼입니까, 미혼입니까?

请问你是已婚还是未婚?

Qǐngwèn nǐ shì yǐhūn háishi wèihūn?

칭원 니 스 이훈 하이스 웨이훈

아직 미혼입니다.

我还没结婚呢。

Wǒ hái méi jiéhūn ne.

워 하이 메이 지에훈 너

117

365

음악에 대해 말할 때

어떤 음악을 가장 좋아하십니까?

你最爱听什么样的音乐？

Nǐ zuì ài tīng shénmeyàng de yīnyuè?

니 쭈이 아이 팅 션머양 더 인위에

음반을 많이 갖고 계십니까?

你有许多唱片吗？

Nǐ yǒu xǔduō chàngpiàn ma?

니 여우 쉬뚸 창피엔 마

당신은 음악회에 자주 가십니까?

你常去音乐会吗？

Nǐ cháng qù yīnyuèhuì ma?

니 창 취 인위에후이 마

저는 클래식 광입니다.

我是古典迷。

Wǒ shì gǔdiǎnmí.

워 스 꾸디엔미

249

365

청혼을 거절할 때

미안합니다, 난 당신과 결혼할 수 없습니다.

对不起，我不能跟你结婚。

Duìbuqǐ, wǒ bùnéng gēn nǐ jiéhūn.

뚜이부치, 워 뿌넝 껀 니 지에훈

당신은 나의 인연이 아닙니다.

你不是我的缘分。

Nǐ búshì wǒ de yuánfèn.

니 부스 워 더 위엔펀

당신은 나와 영원히 함께할 수 없습니다.

你不能跟我永远在一起。

Nǐ bùnéng gēn wǒ yǒngyuǎn zài yìqǐ.

니 뿌넝 껀 워 용위엔 짜이 이치

독신입니다.

我是单身。

Wǒ shì dānshēn.

워 스 딴션

저는 생각이 좀 필요합니다.

我要好好儿想一想这个问题。

Wǒ yào hǎohāor xiǎngyixiǎng zhège wèntí.

워 이야오 하오하오할 시앙이시앙 쩌거 원티

118

365

그림에 대해 말할 때

미술전시회에 가시겠습니까?

你去不去画展？

Nǐ qùbuqù huàzhǎn?

니 취부취 화짠

이 작품은 어느 시대의 것입니까?

这个作品是哪个时代的？

Zhè ge zuòpǐn shì nǎge shídài de?

쩌 거 쭤핀 스 나거 스따이 더

저는 그림 그리기를 좋아합니다.

我喜欢画画。

Wǒ xǐhuan huàhuà.

워 시환 화화

이 작품은 정말 아름답네요.

这个作品真是太美了。

Zhè ge zuòpǐn zhēnshì tài měi le.

쩌 거 쭤핀 쩐스 타이 메이 러

저는 미술품 수집을 좋아합니다.

我喜欢搜集美术品。

Wǒ xǐhuan sōují měishùpǐn.

워 씨환 쏘우지 메이수핀

248

청혼을 할 때

저와 결혼해 주시겠습니까?

你肯跟我结婚吗?

Nǐ kěn gēn wǒ jiéhūn ma?

니 컨 껀 워 지에훈 마

당신과 평생 같이 살고 싶습니다.

我想一辈子跟你在一起。

Wǒ xiǎng yíbèizi gēn nǐ zài yìqǐ.

워 시앙 이뻬이즈 껀 니 짜이 이치

내 아내가 되어 줄래요?

做我的妻子好吗?

Zuò wǒ de qīzi hǎo ma?

쭈어 워 더 치즈 하오 마

나는 영원히 당신을 떠나지 않겠습니다.

我永远不离开你身边。

Wǒ yǒngyuǎn bù líkāi nǐ shēnbian.

워 용위엔 뿌 리카이 니 션비엔

119

365

독서에 대해 말할 때

어떤 책을 즐겨 읽으십니까?

你喜欢读什么样的书?

Nǐ xǐhuan dú shénmeyàng de shū?

니 씨환 두 션머양 더 수

주로 애정소설을 읽습니다.

主要看言情小说。

Zhǔyào kàn yánqíng xiǎoshuō.

주야오 칸 옌칭 시아오숴

저는 손에 잡히는 대로 다 읽습니다.

我是随意，逮什么读什么。

Wǒ shì suíyì, dǎi shénme dú shénme.

워 스 쑤이이, 따이 션머 두 션머

이 책은 재미없어요.

这本没意思。

Zhè běn méi yìsi.

쩌 번 메이 이쓰

좋아하는 작가는 누구입니까?

你喜欢的作家是谁?

Nǐ xǐhuan de zuòjiā shì shéi?

니 씨환 더 쭤지아 스 쉐이

247

365

좋아하는 스타일의 배우자를 말할 때

어떤 타입의 여자가 좋습니까?

你喜欢什么类型的女人?

Nǐ xǐhuan shénme lèixíng de nǚrén?

니 시후안 션머 레이싱 더 뉘런

저는 요조숙녀 타입의 여자를 좋아합니다.

我喜欢窈窕淑女类型的女人。

Wǒ xǐhuan yǎotiǎoshūnǚ lèixíng de nǚrén.

워 시후안 이야오티아오슈뉘 레이싱 더 뉘런

정면에 있는 그 남자 어떻습니까?

在你正面的男人怎么样?

Zài nǐ zhèngmiàn de nánrén zěnmeyàng?

짜이 니 쩡미엔 더 난런 쩐머이양

그는 제 타입이 아닙니다.

他不是我喜欢的类型。

Tā búshì wǒ xǐhuān de lèixíng.

타 부스 워 시후안 더 레이싱

120

 365

영화와 연극에 대해 말할 때

어떤 프로가 상영되고 있습니까?
播放什么节目?
Bōfàng shénme jiémù?
뽀팡 션머 지에무

오늘 저녁에 무슨 영화를 상영합니까?
今晚演什么电影?
Jīnwǎn yǎn shénme diànyǐng?
찐완 옌 션머 띠엔잉

중국 영화를 좋아하십니까?
你喜欢中国电影吗?
Nǐ xǐhuan Zhōngguó diànyǐng ma?
니 씨환 쭝궈 띠엔잉 마

어느 배우를 가장 좋아하십니까?
你最喜欢哪个演员?
Nǐ zuì xǐhuan nǎge yǎnyuán?
니 쭈이 씨환 나거 옌위엔

영화배우 중 누굴 가장 좋아합니까?
你喜欢哪一位电影明星?
Nǐ xǐhuan nǎ yí wèi diànyǐng míngxīng?
니 씨환 나 이 웨이 띠엔잉 밍씽

사랑을 고백할 때

당신에게 아주 반했습니다.
我被你迷住了。
Wǒ bèi nǐ mízhù le.
워 뻬이 니 미쭈 러

당신의 모든 걸 사랑합니다.
我爱你的一切。
Wǒ ài nǐ de yíqiè.
워 아이 니 더 이치에

당신을 누구보다 사랑합니다.
我爱你胜过爱任何人。
Wǒ ài nǐ shèngguò ài rènhé rén.
워 아이 니 셩구어 아이 런흐어 런

나는 항상 당신 곁에 있을 거예요.
我一定会在你身边。
Wǒ yídìng huì zài nǐ shēnbian.
워 이띵 후이 짜이 니 션비엔

121

365

텔레비전에 대해 말할 때

어떤 텔레비전 프로그램을 좋아하십니까?

你喜欢哪些电视节目？

Nǐ xǐhuan nǎxiē diànshì jiémù?

니 시환 나씨에 띠엔스 지에무

연속극을 좋아합니다.

我喜欢连续剧。

Wǒ xǐhuan liánxùjù.

워 씨환 리엔쉬쥐

오늘 저녁에는 무슨 프로그램이 있습니까?

今晚播放什么节目？

Jīnwǎn bōfàng shénme jiémù?

찐완 뽀팡 션머 지에무

오늘 재미있는 텔레비전 프로그램이 있나요?

今天，电视有什么好的节目没有？

Jīntiān, diànshì yǒu shénme hǎo de jiémù méiyou?

찐티엔, 띠엔쓰 여우 션머 하오 더 지에무 메이여우

오늘 저녁 텔레비전에서 어떤 프로그램을 방송합니까?

今天晚上电视上映什么节目？

Jīntiān wǎnshang diànshì shàngyìng shénme jiémù?

찐티엔 완샹 띠엔쓰 샹잉 션머 지에무

245

365

데이트를 신청할 때

저와 데이트해 주시겠어요?
你能跟我约会吗?
Nǐ néng gēn wǒ yuēhuì ma?
니 넝 껀 워 위에후이 마

몇 시에 만날까요?
几点钟见面?
Jǐ diǎnzhōng jiànmiàn?
지 디엔쫑 지엔미엔

저와 함께 저녁식사를 하시겠어요?
我能跟你共进晚餐吗?
Wǒ néng gēn nǐ gòngjìn wǎncān ma?
워 넝 껀 니 꽁진 완찬 마

미안해요, 약속이 있어요.
对不起，今天有约会。
Duìbuqǐ, jīntiān yǒu yuēhuì.
뚜이부치, 진티엔 여우 위에후이

사귀는 사람 있나요?
你有正在谈的朋友吗?
Nǐ yǒu zhèngzài tán de péngyou ma?
니 여우 쩡짜이 탄 더 펑여우 마

122

365

건강 상태를 말할 때

건강은 어떠세요?

身体好吗?

Shēntǐ hǎo ma?

션티 하오 마

요즘 건강은 어떠십니까?

你最近身体好吗?

Nǐ zùijìn shēntǐ hǎo ma?

니 쭈이진 션티 하오 마

덕분에 저는 아주 건강합니다.

托你的福, 我很健康。

Tuō nǐ de fú, wǒ hěn jiànkāng.

퉈 니 더 푸, 워 헌 지엔캉

건강상태가 양호합니다.

身体状况良好。

Shēntǐ zhuàngkuàng liánghǎo.

션티 쫭꽝 량하오

244

365

연애에 대해 말할 때

그녀는 누구입니까?

她是谁?

Tā shì shéi?

타 스 쉐이

그녀는 내 애인입니다.

她是我恋人。

Tā shì wǒ liànrén.

타 스 워 리엔런

그들은 사귄 지 얼마나 됐습니까?

他们谈恋爱多长时间了?

Tāmen tánliànài duō cháng shíjiān le?

타먼 탄리엔아이 뚜어 창 스지엔러

그들 두 사람은 서로 사랑한 지 이미 여러 해가 되었습니다.

他们俩相爱已经多年了。

Tāmen liǎ xiāngài yǐjīng duō nián le.

타먼 리아 시앙아이 이징 뚜어 니엔 러

우리 두 사람은 하루 종일 사랑을 속삭입니다.

我们俩一整天谈清说爱。

Wǒmen liǎ yì zhěngtiān tán qīng shuō ài.

워먼 리아 이 쩡티엔 탄 칭 슈어 아이

123

365

건강 유지에 대해 말할 때

건강해 보이시는군요.

看起来很健康。

Kàn qǐlái hěn jiànkāng.

칸 치라이 헌 지엔캉

어떻게 그렇게 건강하십니까?

你怎么会那么健康的?

Nǐ zěnme huì nàme jiànkāng de?

니 쩐머 후이 나머 지엔캉 더

건강의 비결은 무엇입니까?

请问健康的秘诀是什么?

Qǐngwèn jiànkāng de mìjué shì shénme?

칭원 지엔캉 더 미쥐에 스 션머

건강 유지를 위해 무엇을 하세요?

为保持健康，你都做些什么?

Wèi bǎochí jiànkāng, nǐ dōu zuò xiē shénme?

웨이 빠오츠 지엔캉, 니 떠우 쭤 씨에 션머

운동을 많이 하십니까?

你经常运动吗?

Nǐ jīngcháng yùndòng ma?

니 찡창 윈뚱 마

243

365

지인 · 친구와의 교제

그는 아는 사람입니까?

你认识他吗?

Nǐ rènshi tā ma?

니 런스 타 마

저와 그는 매우 친합니다.

我和他的关系很亲密。

Wǒ hé tā de guānxi hěn qīnmì.

워 흐어 타 더 꾸안시 헌 친미

저는 그를 어렸을 때부터 알았습니다.

我从小时候开始认识他。

Wǒ cóng xiǎo shíhou kāishǐ rènshi ta.

워 총 시아오 스호우 카이스 런스 타

친구가 참 많으시네요.

你的朋友真多啊。

Nǐ de péngyou zhēn duō a.

니 더 펑여우 쩐 뚜어 아

124

365

스포츠를 화제로 할 때

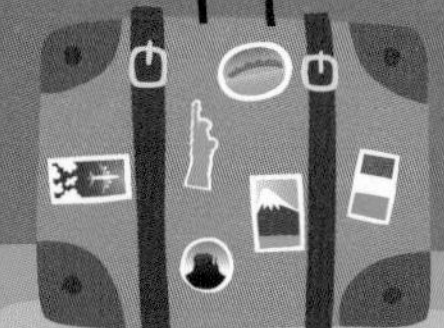

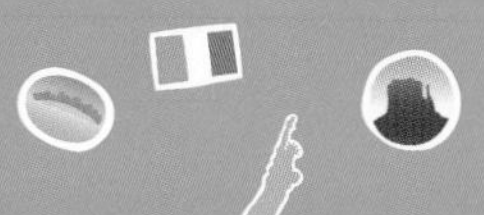

운동을 좋아하십니까?

你喜欢运动吗?

Nǐ xǐhuan yùndòng ma?

니 씨환 윈뚱 마

저는 스포츠광입니다.

我是个体育迷。

Wǒ shì ge tǐyùmí.

워 스 거 티위미

어떤 운동을 할 줄 아세요?

你会什么运动?

Nǐ huì shénme yùndòng?

니 후이 션머 윈뚱

저는 운동이라면 다 좋아합니다.

只要是运动，我都喜欢。

Zhǐyào shì yùndòng, wǒ dōu xǐhuan.

즈야오 스 윈뚱, 워 떠우 씨환

무슨 운동을 하십니까?

你做什么运动?

Nǐ zuò shénme yùndòng?

니 쭤 션머 윈뚱

242

365

바람직하지 못한 성격을 말할 때

여기서 혼자 뭐하세요?
你一个人在这里做什么?
Nǐ yíge rén zài zhèli zuò shénme?
니 이거 런 짜이 쩌리 쭈어 션머

저는 별로 사교적이지 않습니다.
我这个人不善于交际。
Wǒ zhège rén bú shànyú jiāojì.
워 쩌거 런 부 샨위 지아오지

저는 소극적인 편입니다.
我属于消极的。
Wǒ shǔyú xiāojí de.
워 슈위 시아오지 더

너무 조급해하지 마세요.
请不要那么着急。
Qǐng búyào nàme zháojí.
칭 부이야오 나머 짜오지

저는 성미가 급합니다.
我的性子有些急。
Wǒ de xìngzi yǒuxiē jí.
워 더 싱즈 여우시에 지

125

365

경기를 관전할 때

어디에서 입장권을 삽니까?

在哪儿买入场券？

Zài nǎr mǎi rùchǎngquàn?

짜이 날 마이 루창첸

어느 팀이 이길 것 같습니까?

你看哪个队能赢？

Nǐ kàn nǎge duì néng yíng?

니 칸 나거 뚜이 넝 잉

누구와 누구의 경기입니까?

谁跟谁比赛？

Shéi gēn shéi bǐsài?

쉐이 껀 쉐이 비싸이

어제 저녁의 경기는 무승부로 끝났습니다.

昨晚的那场比赛打成了平局。

Zuówǎn de nà chǎng bǐsài dǎchéng le píngjú.

쭤완 더 나 창 비싸이 따청 러 핑쥐

시합 결과는 예측하기 힘듭니다.

比赛结果是很难预测的。

Bǐsài jiéguǒ shì hěn nán yùcè de.

비싸이 지에꿔 스 헌 난 위처 더

241

365

바람직한 성격을 말할 때

제가 도와드리겠습니다.

我来帮你。

Wǒ lái bāng nǐ.

워 라이 빵 니

참 친절하시군요.

您真亲切呀。

Nín zhēn qīnqiè ya.

닌 쩐 친치에 아

정말 상냥하시군요.

你很温柔。

Nǐ hěn wēnrou.

니 헌 원로우

이 아이는 정말 착합니다.

这孩子真乖。

Zhè háizi zhēn guāi

쩌 하이즈 쩐 꾸아이

정말 너그러우시군요.

真宽宏大量。

Zhēn kuānhóng dàliàng.

쩐 쿠안홍 따리앙

365

날씨를 물을 때

오늘 날씨 어때요?
今天天气怎么样？
Jīntiān tiānqì zěnmeyàng?
찐티엔 티엔치 쩐머양

그곳 날씨는 어떻습니까?
那边的天气怎么样？
Nàbian de tiānqì zěnmeyàng?
나삐엔 더 티엔치 쩐머양

바깥 날씨가 여전히 좋습니까?
外边天气还好吗？
Wàibian tiānqì hái hǎo ma?
와이삐엔 티엔치 하이 하오 마

서울 날씨가 어떻습니까?
首尔的天气怎么样？
Shǒuěr de tiānqì zěnmeyàng?
쏘우얼 더 티엔치 쩐머양

240

365

성격에 대해 묻고 답할 때

자신을 어떤 성격의 소유자라고 생각하십니까?

你认为自己是什么性格的人。

Nǐ rènwéi zìjǐ shì shénme xìnggé de rén?

니 런웨이 쯔지 스 션머 싱꺼 더 런

당신의 성격은 어떻습니까?

你的性格怎么样?

Nǐ de xìnggé zěnmeyàng?

니 더 싱꺼 쩐머이양

저는 외향적인 사람입니다.

我是外向的人。

Wǒ shì wàixiàng de rén.

워 스 와이시앙 더 런

당신은 리더입니까, 추종하는 편입니까?

你属于头头呢，还是追随者?

Nǐ shǔyú tóutou ne, háishi zhuìsuízhe?

니 슈위 토우토우 너, 하이스 쭈이수이져

저는 리더이고 싶습니다.

我想当领导。

Wǒ xiǎng dāng lǐngdǎo.

워 시앙 땅 링다오

127

365

날씨가 좋을 때

날씨 참 좋죠?

今天天气真好，是吧？

Jīntiān tiānqì zhēn hǎo, shì ba?

진티엔 티엔치 쩐 하오, 스 바

오늘은 날씨가 매우 좋습니다.

今天天气很好。

Jīntiān tiānqì hěn hǎo.

찐티엔 티엔치 헌 하오

날씨가 화창하고 참 상쾌합니다.

天气晴朗真爽快。

Tiānqì qínglǎng zhēn shuǎngkuài.

티엔치 칭랑 쩐 수앙콰이

날씨가 개기 시작했어요.

天气开始转晴了。

Tiānqì kāishǐ zhuǎn qíng le.

티엔치 카이스 쫜 칭 러

오늘은 구름 한 점 없이 맑았습니다.

今天晴空万里。

Jīntiān qíngkōngwànlǐ.

찐티엔 칭콩완리

239

365

자신의 성격을 말할 때

당신의 성격은 어떻습니까?

你看自己的性格怎么样?

Nǐ kàn zìjǐ de xìnggé zěnmeyàng?

니 칸 쯔지 더 싱꺼 쩐머이양

저는 다정한 편인 것 같습니다.

我想我算是多情的人吧。

Wǒ xiǎng wǒ suànshì duō qíng de rén ba.

워 시앙 워 수안스 뚜어 칭더런바

저는 대담하면서도 섬세하다고 생각합니다.

我认为自己胆大而心细。

Wǒ rènwéi zìjǐ dǎndà ér xīnxì.

워 런웨이 쯔지 딴따 얼 신시

저는 늘 활동적입니다.

我是个活动型的人。

Wǒ shì ge huódòngxíng de rén.

워 스 거 후어똥싱 더 런

128

365

날씨가 나쁠 때

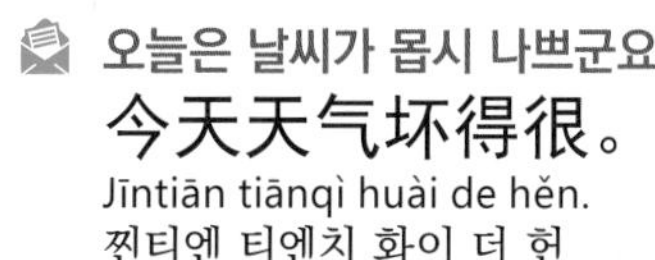

오늘은 날씨가 몹시 나쁘군요.

今天天气坏得很。

Jīntiān tiānqì huài de hěn.

찐티엔 티엔치 화이 더 헌

오늘은 약간 흐려요.

今天有点儿阴。

Jīntiān yǒudiǎnr yīn.

찐티엔 여우디알 인

날씨가 그리 좋지 못해요.

天气不太好。

Tiānqì bútài hǎo.

티엔치 부타이 하오

238

365

신체의 특징에 대해 말할 때

그는 어떤 특징이 있습니까?

他有什么特征?

Tā yǒu shénme tèzhèng?

타 여우 션머 트어쩡

그는 왼손잡이입니다.

他是左撇子。

Tā shì zuǒpiězi.

타 스 쭈어피에즈

그는 뚱뚱합니까?

他是个胖子吗?

Tā shì ge pàngzi ma?

타 스 거 팡즈 마

그는 배에 군살이 있긴 하지만 뚱보는 아닙니다.

他的肚子有点儿肥，但不是个胖子。

Tā de dùzi yǒudiǎnr féi, dàn búshì ge pàngzi.

타 더 뚜즈 여우디얼 페이, 딴 부스 거 팡즈

키에 비해 몸무게가 많이 나갑니다.

体重比身高重一些。

Tǐzhòng bǐ shēngāo zhòng yìxiē.

티쭝 비 션까오 쭝 이시에

129

365

비가 내릴 때

오늘은 비가 내릴까요?
今天有雨吗?
Jīntiān yǒu yǔ ma?
찐티엔 여우 위 마

비가 내릴 것 같습니까?
会不会下雨?
Huìbuhuì xià yǔ?
후이부후이 시아 위

오늘은 비가 내립니다.
今天要下雨。
Jīntiān yào xià yǔ.
찐티엔 야오 시아 위

소나기가 내릴 것 같습니다.
看来要下雷雨了。
Kànlái yào xià léiyǔ le.
칸라이 야오 시아 레이위 러

큰 비가 내릴 것 같습니다.
快要下大雨了。
Kuàiyào xià dàyǔ le.
콰이야오 시아 따위 러

237

365

얼굴이나 용모에 대해 말할 때

여자친구의 외모가 어떻습니까?
你女朋友的外貌怎么样?
Nǐ nǚpéngyou de wàimào zěnmeyàng?
니 뉘펑여우 더 와이마오 쩐머이양

그녀는 키가 크고 날씬합니다.
她个子高，还苗条。
Tā gèzi gāo, hái miáotiao.
타 꺼즈 까오, 하이 미아오티아오

모델의 조건은 무엇입니까?
模特儿的条件是什么?
Mótèr de tiáojiàn shì shénme?
모어털 더 티아오지엔 스 션머

남자는 체격이 좋아야 하고, 여자는 날씬하고 예뻐야 합니다.
男人是体格好，女人是又苗条又漂亮。
Nánrén shì tǐgé hǎo, nǚrén shì yòu miáotiao yòu piàoliang.
난런 스 티꺼 하오, 뉘런 스 여우 미아오티아오 여우 피아오리앙

그럼 저 여자는 어떻습니까?
那么她怎么样?
Nàme tā zěnmeyàng?
나머 타 쩐머이양

130

바람이 불 때

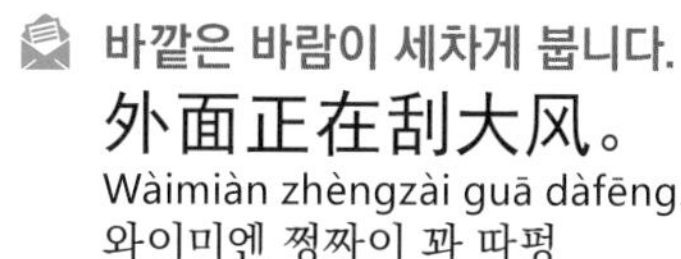

바깥은 바람이 세차게 붑니다.

外面正在刮大风。

Wàimiàn zhèngzài guā dàfēng.

와이미엔 쩡짜이 꽈 따펑

며칠 전 보기 드문 태풍이 불었습니다.

前几天刮了罕见的台风。

Qián jǐ tiān guāle hǎnjiàn de táifēng.

치엔 지 티엔 꽈러 한지엔 더 타이펑

바다에는 늘 용오름이 솟아오릅니다.

海上常常刮龙卷风。

Haǐshang chángcháng guā lóngjuǎnfēng.

하이샹 창창 꽈 롱쮄펑

정면에서 이따금 미풍이 불어오고 있습니다.

迎面吹来阵阵的微风。

Yíngmiàn chuī lái zhènzhen de wēifēng.

잉미엔 추이 라이 쩐쩐 더 웨이펑

폭풍이 불어요.

刮起暴风。

Guā qǐ bàofēng.

꽈 치 빠오펑

236

365

체중에 대해 말할 때

체중이 얼마입니까?

体重是多少?

Tǐzhòng shì duōshao?

티쭝 스 뚜어샤오

70킬로그램입니다.

七十公斤。

Qīshí gōngjīn.

치스 꽁진

최근에 체중이 좀 늘었어요.

最近体重又长了。

Zuìjìn tǐzhòng yòu zhǎng le.

쭈이진 티쭝 여우 쟝 러

특히 허리 살을 좀 빼려고 합니다.

特别是我要减点腰围。

Tèbié shì wǒ yào jiǎn diǎn yāowéi.

트어비에 스 워 이야오 지엔 디엔 이야오웨이

그래서 살을 빼려고 합니다.

所以要减肥呢。

Suǒyǐ yào jiǎnféi ne.

수오이 이야오 지엔페이 너

131

365

사계절에 대해서

바깥은 약간 춥습니다.
外面有点冷。
Wàimiàn yǒudiǎn lěng.
와이미엔 여우디엔 렁

봄이 왔습니다. 날씨도 따뜻해졌습니다.
春天到了， 天气很暖和。
Chūntiān dào le, tiānqì hěn nuǎnhuo.
춘티엔 따오 러, 티엔치 헌 놘후오

바깥은 아주 덥습니다.
外面很热。
Wàimiàn hên rè.
와이미엔 헌 러

가을 날씨는 아주 시원합니다.
秋天的天气很凉爽。
Qiũtiãn de tiãnqì hên liángshuâng.
치우티엔 더 티엔치 헌 량수앙

가을은 수확의 계절입니다.
秋天是收获的季节。
Qiũtiãn shì shõuhuò de jìjié.
치우티엔 스 셔우훠 더 지지에

235

 365

신장에 대해 말할 때

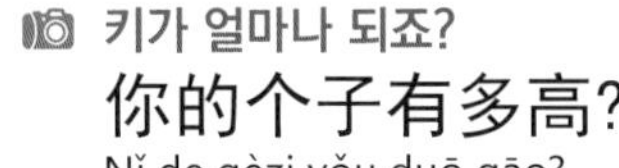

키가 얼마나 되죠?

你的个子有多高?

Nǐ de gèzi yǒu duō gāo?

니 더 꺼즈 여우 뚜어 까오

1미터 80입니다.

一米八。

Yì mǐ bā.

이 미 빠

저는 키가 약간 작습니다.

我的个子有点儿矮。

Wǒde gèzi yǒudiǎnr ǎi.

워더 꺼즈 여우디얼 아이

예, 당신도 키가 큰 편입니까?

是，那么你也算个子高吗?

Shì, nàme nǐ yě suàn gèzi gāo ma?

스, 나머 니 이에 슈안 꺼즈 까오 마

132

365

시각을 묻고 답할 때

지금 몇 시입니까?

现在几点？

Xiànzài jǐ diǎn?

시엔짜이 지 디엔

지금 6시 15분입니다.

现在是六点十五分。

Xiànzài shì liù diǎn shíwǔ fēn.

시엔짜이 스 리우 디엔 스우 펀

지금 오후 2시 16분입니다.

现在是下午两点十六分。

Xiànzài shì xiàwǔ liǎng diǎn shíliù fēn.

시엔짜이 스 시아우 량 디엔 스리우 펀

오후 3시입니다.

下午三点。

Xiàwǔ sān diǎn.

시아우 싼 디엔

234

365

겨울에 관한 표현

오늘 날씨 어때요?
今天天气怎么样?
Jīntiān tiānqì zěnmeyàng?
진티엔 티엔치 쩐머이양

날씨가 매우 춥습니다.
天气很冷啊。
Tiānqì hěn lěng a.
티엔치 헌 렁 아

겨울에는 감기를 조심해야 합니다.
在冬天小心感冒。
Zaì dōngtiān xiǎoxīn gǎnmào.
짜이 똥티엔 시아오신 간마오

그래서 저는 옷을 4개나 입었습니다.
所以我穿上了四个衣服呢。
Suǒyǐ wǒ chuān shangle sì ge yīfu ne.
수오이 워 추안 샹러 쓰 거 이프 너

이번 주말에 함께 스키 타러 갈까요?
这次周末一起去滑雪怎么样?
Zhècì zhōumò yìqǐ qù huáxuě zěnmeyàng?
쩌츠 쭈어모 이치 취 화쉬에 쩐머이양

133

365

시간에 대해 말할 때

몇 시에 일어납니까?

你什么时候起床?

Nǐ shénme shíhou qǐchuáng?

니 션머 스허우 치촹

시간은 얼마나 걸립니까?

需要多长时间?

Xūyào duō cháng shíjiān?

쒸야오 뚸 창 스찌엔

언제 돌아옵니까?

你什么时候回来?

Nǐ shénme shíhou huílái?

니 션머 스허우 훼이라이

시간이 됐습니다.

到点了。

Dàodiǎn le.

따오디엔 러

역에서 걸어서 7분 걸립니다.

从车站步行需要七分钟。

Cóng chēzhàn bùxíng xūyào qī fēnzhōng.

총 처짠 뿌씽 쉬야오 치 펀종

233

365

가을에 관한 표현

가을은 천고마비의 계절이라고 생각합니다.
我想秋天是天高马肥的季节。
Wǒ xiǎng qiūtiān shì tiāngāomǎféi de jìjié.
워 시앙 치우티엔 스 티엔까오마페이 더 지지에

저는 가을은 운동과 독서의 계절이라고 생각합니다.
我想秋天是运动和读书的季节。
Wǒ xiǎng qiūtiān shì yùndòng hé dúshū de jìjié.
워 시앙 치우티엔 스 윈똥 흐어 두슈 더 지지에

날씨가 참 서늘하군요.
天气好凉爽啊。
Tiānqì hǎo liángshuǎng a.
티엔치 하오 리앙슈앙 아

겨울이 다가오는 것 같아요.
看来冬天要到了。
Kànlái dōngtiān yào dào le.
칸라이 똥티엔 이야오 따오 러

설악산에 가 봤나요? 어땠나요?
你去过雪岳山吗? 怎么样?
Nǐ qù guò Xuěyuèshān ma? Zěnmeyàng?
니 취구어 쉬에위에샨 마? 쩐머이양

134

365

일(日)을 말할 때

오늘은 며칠입니까?
今天几号？
Jīntiān jǐ hào?
찐티엔 지 하오

어제는 며칠이었습니까?
昨天是几号？
Zuótiān shì jǐ hào?
쭤티엔 스 지 하오

모레는 10월 1일입니다.
后天是十月一日。
Hòutiān shì shí yuè yī rì.
허우티엔 스 스 위에 이 르

오늘은 무슨 날입니까?
今天是什么日子？
Jīntiān shì shénme rìzi?
찐티엔 스 션머 르쯔

오늘은 국경일입니다.
今天是国庆节。
Jīntiān shì Guóqìngjié.
찐티엔 스 꿔칭지에

232

365

여름에 관한 표현

여름을 좋아하세요?

你喜欢夏天吗?

Nǐ xǐhuan xiàtiān ma?

니 시후안 시아티엔 마

저는 여름을 좋아합니다.

我喜欢夏天。

Wǒ xǐhuan xiàtiān.

워 시후안 시아티엔

비가 많이 오는 여름은 싫어합니다.

我不喜欢多雨的夏天。

Wǒ bù xǐhuan duō yǔ de xiàtiān.

워 뿌 시후안 뚜어 위 더 시아티엔

한국의 7월과 8월은 무척 더워요.

韩国的七八月份是很热的。

Hánguó de qī bā yuè fèn shì hěn rè de.

한구어 더 치 빠 위에 펀 스 헌 르어 더

저는 더위를 잘 탑니다.

我很怕热的。

Wǒ hěn pà rè de.

워 헌 파 르어 더

135

365

요일을 말할 때

오늘은 무슨 요일입니까?

今天星期几?

Jīntiān xīngqī jǐ?

찐티엔 씽치 지

오늘은 월요일입니다.

今天星期一。

Jīntiān xīngqīyī.

찐티엔 씽치이

목요일은 며칠입니까?

礼拜四是几号?

Lǐbàisì shì jǐ hào?

리빠이쓰 스 지 하오

모레는 화요일입니다.

后天是礼拜二。

Hòutiān shì lǐbàièr.

허우티엔 스 리빠이얼

오늘은 화요일이 아닙니다.

今天不是星期二。

Jīntiān búshì xīngqīèr.

찐티엔 부스 씽치얼

231

365

봄에 관한 표현

오늘 날씨 어때요?

今天天气怎么样?

Jīntiān tiānqì zěnmeyàng?

진티엔 티엔치 쩐머이양

따뜻해요.

天气很暖和。

Tiānqì hěn nuǎnhuo.

티엔치 헌 누안후어

오늘은 날씨가 화창하군요.

今天天气真清朗。

Jīntiān tiānqì zhēn qīnglǎng.

진티엔 티엔치 쩐 칭랑

드디어 겨울에서 봄이 되었네요.

终于冬去春来。

Zhōngyú dōng qù chūn lái.

쫑위 똥 취 춘 라이

136

월(月)과 년(年)에 대해 말할 때

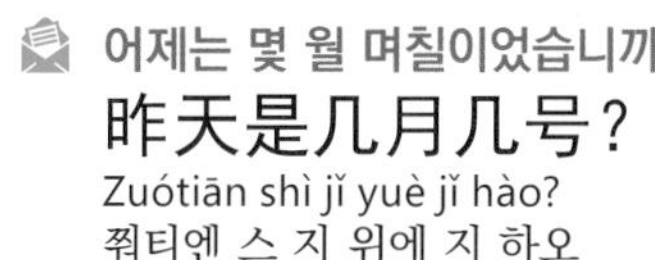

어제는 몇 월 며칠이었습니까?

昨天是几月几号？

Zuótiān shì jǐ yuè jǐ hào?

쭤티엔 스 지 위에 지 하오

오늘은 10월 10일입니다.

今天是十月十号。

Jīntiān shì shí yuè shí hào.

찐티엔 스 스 위에 스 하오

내일은 몇 월 며칠입니까?

明天是几月几号？

Míngtiān shì jǐ yuè jǐ hào?

밍티엔 스 지 위에 지 하오

내일은 8월 5일입니다.

明天是八月五号。

Míngtiān shì bā yuè wǔ hào.

밍티엔 스 빠 위에 우 하오

230

365

상대방이나 타인에 대해 말할 때

왕평(왕핑)이 왜 저러는 거죠?
王平他怎么啦?
WángPíng tā zěnme la?
왕핑 타 쩐머 라

기분이 안 좋은 것 같아요.
我看他心情不好。
Wǒ kàn tā xīnqíng bù hǎo.
워 칸 타 신칭 뿌 하오

당신 말이 옳은 것 같군요.
我想你说得不错。
Wǒ xiǎng nǐ shuō de búcuò.
워 시앙 니 슈어 더 부추어

그가 실수로 그런 것 같아요.
我看他是一时疏忽了。
Wǒ kàn tā shì yì shí shūhu le.
워 칸 타 스 이 스 슈후 러

간밤에 잘못 주무신 것 같군요.
你昨天是不是没睡好?
Nǐ zuótiān shìbushì meí shuì hǎo?
니 쭈어티엔 스부스 메이 슈이 하오

137

365

기간을 말할 때

내일 다시 오겠습니다.

我明天再来。

Wǒ míngtiān zài lái.

워 밍티엔 짜이 라이

최소한 일주일은 필요합니다.

至少也需要一个星期。

Zhìshǎo yě xūyào yí ge xīngqī.

즈샤오 이에 쒸야오 이 거 씽치

2~3주간 머물 예정입니다.

我打算住两三个星期。

Wǒ dǎsuan zhù liǎng sān ge xīngqī.

워 따쏸 쭈 량 싼 거 씽치

일주일 후에 다시 오십시오.

请你一个星期后再来。

Qǐng nǐ yí ge xīngqī hòu zài lái.

칭 니 이 거 씽치 허우 짜이 라이

일주일 후에 다시 오겠습니다.

我过一个星期再来。

Wǒ guò yí ge xīngqī zài lái.

워 꿔 이 거 씽치 짜이 라이

229

365

결심을 표현할 때

그 여자하고 언제 결혼할 겁니까?

你打算什么时候跟她结婚?

Nǐ dǎsuan shénme shíhou gēn tā jiéhūn?

니 따수안 션머 스호우 껀 타 지에훈

글쎄요. 아직 구체적인 계획이 없습니다.

是啊，现在还没有具体计划。

Shì a, xiànzài hái méiyǒu jùtǐ jìhuà.

스아, 시엔짜이 하이 메이여우 쥐티 지화

나는 스키 여행을 갈 생각입니다.

我想去滑滑雪。

Wǒ xiǎng qù huáhuáxuě.

워 시앙 취 화화쉬에

그 계획을 끝내 완수할 작정입니다.

我无论如何得完成那计划。

Wǒ wúlùn rúhé děi wánchéng nà jìhuà.

워 우룬 루흐어 데이 완청 나 지화

그 여자와 결혼할 생각입니다.

我打算跟她结婚。

Wǒ dǎsuàn gēn tā jiéhūn.

워 따수안 껀 타 지에훈

138

365

이발소에서

이발 좀 해 주세요.

我要理发。

Wǒ yào lǐfā.

워 야오 리파

어떤 모양으로 깎을까요?

理什么发型?

Lǐ shénme fāxíng?

리 션머 파씽

보통 헤어스타일로 깎아 주세요.

给我剪成一般的发型。

Gěi wǒ jiǎn chéng yìbān de fāxíng.

게이 워 지엔 청 이빤 더 파씽

약간 짧게 깎아 주세요.

给我剪得稍微短一点儿。

Gěi wǒ jiǎn de shāowēi duǎn yìdiǎnr.

게이 워 지엔 더 샤오웨이 돤 이디알

228

365

의견을 말할 때 2

그게 훨씬 더 좋은데요.

我想那个好得多。

Wǒ xiǎng nàge hǎode duō.

워 시앙 나거 하오더 뚜어

그 정도가 타당할 겁니다.

那个程度挺合适的。

Nàge chéngdù tǐng héshì de.

나거 청뚜 팅 흐어스더

그것도 역시 효과가 없을 겁니다.

我想那也不见得有效。

Wǒ xiǎng nà yě bújiànde yǒu xiào.

워 시앙 나 이에 부지엔더 여우 시아오

엄밀히 말하자면, 그건 정확하지 않아요.

严格地讲，那个并不准确。

Yángé de jiǎng, nàge bìng bù zhǔnquè.

이엔거 더 지앙, 나거 삥 뿌 준취에

다른 뾰족한 수가 없는 것 같아요.

我想不会有什么特别好的办法了。

Wǒ xiǎng búhuì yǒu shénme tèbié hǎo de bànfǎ le.

워 시앙 부후이 여우 션머 트어비에 하오 더 빤파러

139

365

미용실에서

머리만 감겨 주세요.

我只要洗头。

Wǒ zhǐyào xǐtóu.

워 즈야오 씨터우

파마해 주세요.

请给我烫发。

Qǐng gěi wǒ tàngfà.

칭 게이 워 탕파

파마를 약하게 해 주세요.

请烫得轻一点儿。

Qǐng tàng de qīng yìdiǎnr.

칭 탕 더 칭 이디알

머리를 자르려고 합니다.

我要做头发。

Wǒ yào zuò tóufa.

워 야오 쭤 터우파

머리를 검게 염색해 주세요.

我要把头发染成黑色。

Wǒ yào bǎ tóufa rǎn chéng hēisè.

워 야오 바 터우파 란 청 헤이써

227

365

의견을 말할 때 1

제 의견을 말씀드려도 될까요?

我来提出意见，好吗？

Wǒ lái tíchū yìjiàn, hǎo ma?

워 라이 티추 이지엔, 하오 마

솔직하게 말씀드려도 될까요?

我可以坦率地谈谈我的想法吗?

Wǒ kěyǐ tǎnshuài de tántan wǒ de xiǎngfa ma?

워 커이 탄슈와이 더 탄탄 워 더 시앙파 마

물론이죠.

那当然。

Nà dāngrán.

나 땅란

그게 좋겠어요.

还是那样好。

Háishì nàyàng hǎo.

하이스 나이양 하오

140

365

세탁소에서

드라이클리닝을 부탁합니다.
我想干洗衣服。
Wǒ xiǎng gānxǐ yīfu.
워 씨앙 깐씨 이푸

호텔 안에 세탁소가 있습니까?
饭店内有洗衣店吗？
Fàndiàn nèi yǒu xǐyīdiàn ma?
판디엔 네이 여우 씨이디엔 마

드라이클리닝을 하려면 며칠이 걸립니까?
干洗衣服需要几天？
Gānxǐ yīfu xūyào jǐ tiān?
깐씨 이푸 쉬야오 지 티엔

이 옷을 다림질해 주십시오.
请把这件衣服熨一下。
Qǐng bǎ zhè jiàn yīfu yùn yíxià.
칭 바 쩌 지엔 이푸 윈 이시아

226

365

상황에 따라 말을 걸 때

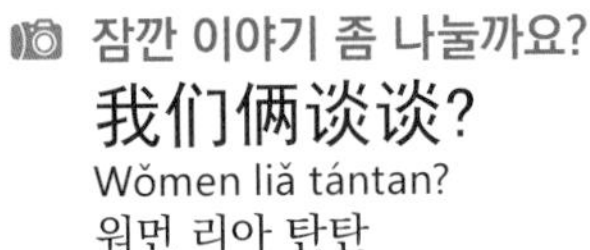

잠깐 이야기 좀 나눌까요?

我们俩谈谈?

Wǒmen liǎ tántan?

워먼 리아 탄탄

할 이야기가 좀 있습니다.

想跟你唠一唠。

Xiǎng gēn nǐ láoyìláo.

시앙 껀 니 라오이라오

잠시만 이야기하면 됩니다.

我想跟你谈谈，只要一会儿就行。

Wǒ xiǎng gēn nǐ tántan, zhǐyào yíhuìr jiù xíng.

워 시앙 껀 니 탄탄, 즈이야오 이후얼 지우 싱

141

 365

전화를 걸기 전에

전화번호는 몇 번입니까?

电话号码是多少？

Diànhuà hàomǎ shì duōshao?

띠엔화 하오마 스 뚸샤오

휴대폰 번호는 몇 번입니까?

你的手机号是多少？

Nǐ de shǒujī hào shì duōshao?

니 더 쇼우지 하오 스 뚸샤오

휴대폰 번호는 011-1234-5678입니다.

我的手机号是011-1234-5678。

Wǒ de shǒujī hào shì líng yāo yāo yāo èr sān sì wǔ liù qī bā.

워 더 쇼우지 하오 스 링 야오 야오 - 야오 얼 싼 쓰 - 우 리우 치 빠

팩스번호는 몇 번입니까?

传真号是多少？

Chuánzhēn hào shì duōshao?

촨쩐 하오 스 뚸샤오

225

365

모르는 사람에게 말을 걸 때

시간 좀 있으세요?

请问，你有时间吗？

Qǐngwèn, nǐ yǒu shíjiān ma?

칭원, 니 여우 스지엔 마

잠시 시간 좀 내 주세요.

可以抽出点儿时间吗？

Kěyǐ chōu chū diǎnr shíjiān ma?

커이 초우 추 디얼 스지엔 마

드릴 말씀이 있는데요.

我有话跟你说。

Wǒ yǒu huà gēn nǐ shuō.

워 여우 화 껀 니 슈어

142

 365

전화를 걸 때

여보세요.
喂。
Wéi.
웨이

여보세요, 안녕하세요! 베이징 호텔입니까?
喂，您好！是北京饭店吗？
Wéi, nín hǎo! Shì Běijīng fàndiàn ma?
웨이, 닌 하오! 스 베이징 판띠엔 마

이 선생님 계십니까?
李先生在吗？
Lǐ xiānsheng zài ma?
리 시엔셩 짜이 마

왕 선생님 좀 바꿔 주세요.
请让王先生接电话。
Qǐng ràng Wáng xiānsheng jiē diànhuà.
칭 랑 왕 시엔셩 지에 띠엔화

750호실로 연결해 주십시오.
请转七百五十号房间。
Qǐng zhuǎn qī bǎi wǔshí hào fángjiān.
칭 쫜 치 바이 우스 하오 팡지엔

224

365

말을 걸 때

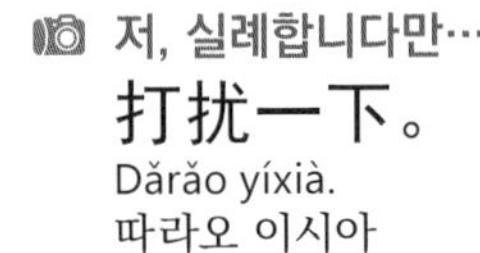

저, 실례합니다만….

打扰一下。

Dǎrǎo yíxià.

따라오 이시아

이야기 좀 할 수 있을까요?

我能跟你谈谈吗?

Wǒ néng gēn nǐ tántan ma?

워 넝 껀 니 탄탄 마

말씀드릴 게 좀 있습니다.

我想跟你说件事。

Wǒ xiǎng gēn nǐ shuō jiàn shì.

워 시앙 껀 니 슈어 지엔 스

잠깐 이야기를 나누고 싶은데요.

我想跟你谈谈，可以吗?

Wǒ xiǎng gēn nǐ tántan, kěyǐ ma?

워 시앙 껀 니 탄탄, 커이 마

143

365

국제전화를 걸 때

어디에서 국제전화를 할 수 있나요?
在哪里能打国际电话？
Zài nǎlǐ néng dǎ guójì diànhuà?
짜이 나리 넝 따 궈지 띠엔화

이 전화로 한국에 걸 수 있습니까?
这个电话能打韩国吗？
Zhège diànhuà néng dǎ Hánguó ma?
쩌거 띠엔화 넝 따 한궈 마

국제전화를 하고 싶은데요.
我要打国际电话。
Wǒ yào dǎ guójì diànhuà.
워 야오 따 궈지 띠엔화

어느 곳에 거시겠습니까?
您打到哪儿？
Nín dǎ dào nǎr?
닌 따 따오 날

한국 서울로 걸고 싶은데요.
我想打到韩国首尔。
Wǒ xiǎng dǎ dào Hánguó Shǒuěr.
워 시앙 따 따오 한궈 셔우얼

223

365

방법, 의견을 물을 때

그건 무엇에 쓰는 거죠?

那是用在什么地方的?

Nà shì yòng zài shénme dìfang de?

나 스 용 짜이 션머 띠팡 더

단도직입적으로 질문을 해도 괜찮겠습니까?

我可以直截了当地问您几个问题吗?

Wǒ kěyǐ zhíjiéliǎodàng de wèn nín jǐ ge wèntí ma?

워 커이 즈지에리아오땅 더 원 닌 지 거 원티 마

당신에게 질문할 게 많이 있습니다.

我有许多问题向您请教。

Wǒ yǒu xǔduō wèntí xiàng nín qǐngjiào.

워 여우 쉬뚜어 원티 시앙 닌 칭지아오

144

365

전화를 받을 때

전화 왔어요.
来电话了。
Lái diànhuà le.
라이 띠엔화 러

전화 왔어요. 빨리 받아요.
来电话了，快来接。
Lái diànhuà le, kuài lái jiē.
라이 띠엔화 러, 콰이 라이 지에

누구십니까?
是哪位？
Shì nǎ wèi?
스 나 웨이

전화는 제가 받을게요.
我来接吧。
Wǒ lái jiē ba.
워 라이 지에 바

여보세요.
喂，你好。
Wéi, nǐ hǎo.
웨이, 니 하오

222

 365

이유를 물을 때

도대체 이유가 뭡니까?

到底为什么呢?

Dàodǐ wèishénme ne?

따오띠 웨이션머 너

이유를 물어봐도 될까요?

可以问理由吗?

Kěyǐ wèn lǐyóu ma?

커이 원 리여우 마

왜 그런 겁니까?

为什么做那样的?

Wèishénme zuò nàyàng de?

웨이션머 쭈어 나이양 더

왜 그렇게 결정했죠?

为什么那么决定的?

Wèishénme nàme juédìng de?

웨이션머 나머 쥐에띵 더

145

365

용건을 물을 때

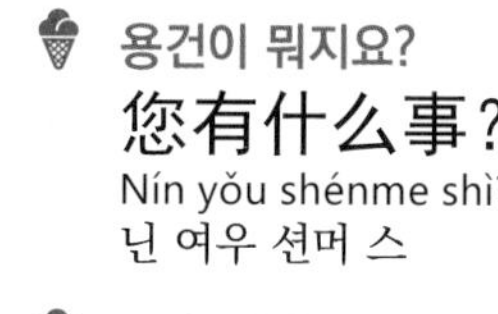

용건이 뭐지요?

您有什么事？

Nín yǒu shénme shì?

닌 여우 션머 스

무슨 일이세요, 이렇게 급하게?

什么事，这么着急？

Shénme shì, zhème zháojí?

션머 스, 쩌머 자오지

그녀를 무슨 일로 찾으세요?

您找她有事吗？

Nín zhǎo tā yǒu shì ma?

닌 자오 타 여우 스 마

리리는 금방 나갔는데 무슨 일로 찾으세요?

丽丽刚出去，找她有啥事儿？

Lìlì gāng chūqù, zhǎo tā yǒu shá shìr?

리리 깡 추취, 자오 타 여우 샤 셜

지금 다른 사람과 통화 중인데 무슨 용건이세요?

她正在接其他电话，您有什么事？

Tā zhèngzài jiē qítā diànhuà, nín yǒu shénme shì?

타 쩡짜이 지에 치타 띠엔화, 닌 여우 션머 스

221

365

질문을 주고받을 때

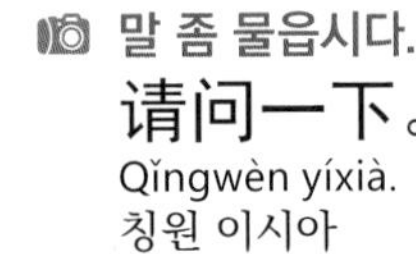

말 좀 물읍시다.
请问一下。
Qǐngwèn yíxià.
칭원 이시아

말씀하세요. 무슨 질문이죠?
您说吧，什么问题?
Nín shuō ba, shénme wèntí?
닌 슈어 바, 션머 원티

제가 어떻게 알겠어요?
我上哪儿知道这个问题?
Wǒ shàng nǎr zhīdao zhège wèntí?
워 샹 날 즈따오 쩌거 원티

여기까지 다른 질문은 없습니까?
到此为止，没有别的问题吗?
Dàocǐ wéizhǐ, méiyou bié de wèntí ma?
따오츠 웨이즈, 메이여우 비에 더 원티 마

146

365

전화가 끊겼을 때

그는 갑자기 전화를 끊어버렸어.
他突然挂断了电话。
Tā tūrán guàduànle diànhuà.
타 투란 꽈똰러 띠엔화

전화가 갑자기 끊어졌어.
电话突然被挂断了。
Diànhuà tūrán bèi guàduàn le.
띠엔화 투란 뻬이 꽈똰 러

그는 말을 다 듣지도 않고 전화를 끊어버렸어.
他没听完就挂了电话。
Tā méi tīng wán jiù guàle diànhuà.
타 메이 팅 완 지우 꽈러 띠엔화

그녀가 전화를 끊었어.
她把电话挂了。
Tā bǎ diànhuà guà le.
타 바 띠엔화 꽈 러

220

선물을 주고받을 때

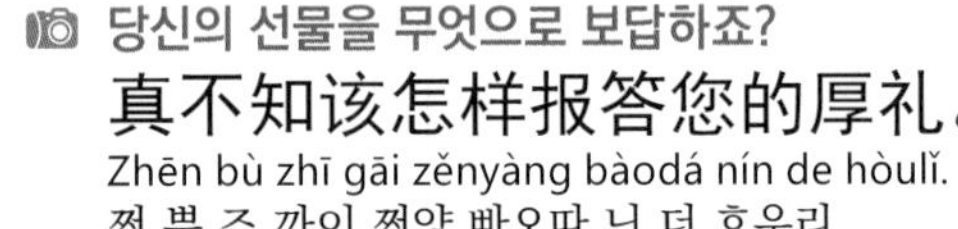

당신의 선물을 무엇으로 보답하죠?

真不知该怎样报答您的厚礼。

Zhēn bù zhī gāi zěnyàng bàodá nín de hòulǐ.

쩐 뿌 즈 까이 쩐양 빠오따 닌 더 호우리

훌륭한 선물을 주셔서 대단히 고맙습니다.

承蒙您的厚意，不知该怎么感谢。

Chéngméng nín de hòuyì, bù zhī gāi zěnme gǎnxiè.

청멍 닌 더 호우이, 뿌 즈 까이 쩐머 간시에

이거 정말 저한테 주는 겁니까?

这真是给我的吗?

Zhè zhēnshì gěi wǒ de ma?

쩌 쩐스 게이 워 더 마

자, 선물 받으세요.

请收下，这是我的一点心意。

Qǐng shōuxià, zhè shì wǒ de yìdiǎn xīnyì.

칭 쇼우시아, 쩌 스 워 더 이디엔 신이

당신에게 드리려고 뭘 사왔어요.

我买了点东西，想送你。

Wǒ mǎile diǎn dōngxi, xiǎng sòng nǐ.

워 마이러 디엔 똥시, 시앙 쑹 니

147

 365

통화 중일 때

통화 중입니다.

占线。

Zhānxiàn.

잔씨엔

사장님은 지금 통화 중이시니 잠시만 기다리세요.

老板正在通话中，您稍等。

Lǎobǎn zhèngzài tōnghuàzhōng, nín shāo děng.

라오반 쩡짜이 통화쫑, 닌 샤오 덩

전화기를 잘못 놓아서 통화가 안 되는가 봅니다.

电话好像没放好，无法接通。

Diànhuà hǎoxiàng méi fàng hǎo, wúfǎ jiētōng.

띠엔화 하오시앙 메이 팡 하오, 우파 지에통

잡음이 납니다.

有杂音。

Yǒu záyīn.

여우 짜인

219

365

칭찬·호의에 대해 고마움을 나타낼 때

환대에 감사드립니다.
谢谢您的款待。
Xièxie nín de kuǎndài.
씨에시에 닌 더 쿠안따이

큰 도움이 되었어요.
对我帮助太大了。
Duì wǒ bāngzhù tài dà le.
뚜이 워 빵쭈 타이 따러

친절을 베풀어 주셔서 감사합니다.
谢谢您的亲切关照。
Xièxie nín de qīnqiè guānzhào.
씨에시에 닌 더 친치에 꾸안짜오

보답해 드릴 수 있었으면 좋겠어요.
但愿我能报答您。
Dàn yuàn wǒ néng bàodá nín.
딴 위엔 워 넝 빠오타 닌

저녁 시간, 덕분에 재미있었습니다.
托福，今天晚上过得真愉快。
Tuōfú, jīntiān wǎnshang guò de zhēn yúkuài.
투어푸, 진티엔 완샹 꾸어 더 쩐 위쿠아이

148

365

전화를 바꿔 줄 때

여보세요, 안녕하세요! 이 선생님 좀 부탁드립니다.

喂， 你好！ 请找一下李老师。

Wéi, nǐ hǎo ! Qǐng zhǎo yíxià Lǐ lǎoshī.

웨이, 니 하오! 칭 자오 이시아 리 라오스

잠시만 기다리세요.

请稍等。

Qǐng shāo děng.

칭 샤오 덩

선생님, 실례지만 누굴 찾으십니까?

先生， 请问您找谁？

Xiānsheng, qǐngwèn nín zhǎo shéi?

시엔셩, 칭원 닌 자오 쉐이

누구 바꿔 드릴까요?

请问换哪位？

Qǐngwèn huàn nǎ wèi?

칭원 환 나 웨이

선생님, 어느 분을 찾으시는지 제가 도와드릴까요?

先生，您找哪一位？ 需要我帮忙吗？

Xiānsheng, nín zhǎo nǎ yí wèi ? Xūyào wǒ bāngmáng ma?

시엔셩, 닌 자오 나 이 웨이? 쒸야오 워 빵망 마

218

365

수고·노고에 대해 고마움을 나타낼 때

진심으로 감사드립니다.

衷心地感谢您。

Zhōngxīn de gǎnxiè nín.

종신 더 간시에 닌

그렇게 말씀해 주시니 고맙습니다.

您这么说，太感谢了。

Nín zhème shuō, tài gǎnxiè le.

닌 쩌머 슈어, 타이 간시에 러

친절히 도와주셔서 감사합니다.

谢谢您的热情帮助。

Xièxie nín de rèqíng bāngzhù.

씨에시에 닌 더 르어칭 빵쭈

그렇게 해 주시면 감사하겠습니다.

您肯这么做，真是太感谢了。

Nín kěn zhème zuò, zhēnshì tài gǎnxiè le.

닌 컨 쩌머 쭈어, 쩐스 타이 간시에 러

어쨌든 감사합니다.

无论如何，太感谢您了。

Wúlùn rúhé, tài gǎnxiè nín le.

우룬 루흐어, 타이 간시에 닌 러

149

 365

전화를 달라고 부탁할 때

저에게 전화하라고 전해 주세요.
让他给我回电话。
Ràng tā gěi wǒ huí diànhuà.
랑 타 게이 워 훼이 띠엔화

그가 오면 너에게 전화하라고 전할게.
等他来了我让他给你去电话。
Děng tā láile wǒ ràng tā gěi nǐ qù diànhuà.
떵 타 라이러 워 랑 타 게이 니 취 띠엔화

지금 바쁘니까 나중에 다시 전화 줄게.
现在很忙我回头再给你打电话。
Xiànzài hěn máng wǒ huítóu zài gěi nǐ dǎ diànhuà.
시엔짜이 헌 망 워 훼이터우 짜이 게이 니 따 띠엔화

전화 기다릴게.
我等你电话。
Wǒ děng nǐ diànhuà.
워 떵 니 띠엔화

217

365

감사의 기본 표현

감사합니다.

谢谢。

Xièxie.

씨에시에

대단히 감사합니다.

太感谢了。

Tài gǎnxiè le.

타이 간시에러

도와주셔서 감사합니다.

感激你们的帮忙。

Gǎnjī nǐmen de bāngmáng.

간지 니먼 더 빵망

150

365

전화를 잘못 걸었을 때

제가 잘못 걸었습니다.
我打错了。
Wǒ dǎ cuò le.
워 따 춰 러

죄송합니다. 잘못 거셨습니다.
对不起，您打错了。
Duībuqǐ, nín dǎ cuò le.
뚜이부치, 닌 따 춰 러

제가 전화번호를 잘못 눌렀습니다.
我拨错号码了。
Wǒ bō cuò hàomǎ le.
워 뽀 춰 하오마 러

잘못 거셨네요. 여기는 왕 씨 집이 아닙니다.
你拨错了，这不是王先生家。
Nǐ bō cuò le, zhè búshì Wáng xiānsheng jiā.
니 뽀 춰 러, 쩌 부스 왕 시엔셩 지아

요즘 자꾸 이상한 전화가 와. 누군지 모르겠어.
这几天老有奇怪的电话，不知是谁打的。
Zhè jǐ tiān lǎo yǒu qíguài de diànhuà, bù zhī shì shéi dǎ de.
쩌 지 티엔 라오 여우 치꽈이 더 띠엔화, 뿌 즈 스 쉐이 따 더

진정시킬 때

뭐가 무서우세요?

你怕什么?

Nǐ pà shénme?

니 파 션머

진정하세요.

你镇静一下。

Nǐ zhènjìng yíxià.

니 쩐징 이시아

놀라지 마세요.

你不要吃惊。

Nǐ búyào chījīng.

니 부이야오 츠징

전혀 놀랄 것 없어요.

没有什么可吃惊的。

Méiyou shénme kě chījīng de.

메이여우 션머 커 츠징 더

놀랄 것까지는 없어요.

用不着这么吃惊。

Yòngbuzháo zhème chījīng.

용부짜오 쩌머 츠징

151

365

우체국을 이용할 때

집에 편지를 쓰려고 합니다.

我要给家里写信。

Wǒ yào gěi jiāli xiě xìn.

워 야오 게이 지아리 씨에 씬

무슨 편지를 쓰고 있습니까?

你写什么信?

Nǐ xiě shénme xìn?

니 씨에 션머 씬

우체국에 가서 편지를 부쳐야 합니다.

我要去邮局寄信。

Wǒ yào qù yóujú jì xìn.

워 야오 취 여우쥐 지 씬

어떤 편지를 부치시게요?

你要寄什么信?

Nǐ yào jì shénme xìn?

니 야오 지 션머 씬

215

365

상대방이 놀랐을 때

놀랐니?

你吃惊了?

Nǐ chījīng le?

니 츠징 러

진정해.

镇静点儿。

Zhènjìng diǎnr.

쩐징 디얼

앉아서 긴장을 푸는 게 좋겠어.

坐下来放松放松。

Zuò xiàlái fàngsōng fàngsōng.

쪼우 시아라이 팡송 팡송

숨을 깊이 들이쉬세요.

来一个深呼吸。

Lái yí ge shēnhūxī.

라이 이 거 선후시

여러분, 침착하세요. 놀랄 거 없어요.

诸位，镇静一些，没什么可吃惊的。

Zhūwèi, zhènjìng yìxīe, méi shénme kě chījīng de.

쭈웨이, 쩐징 이시에, 메이 션머 커 츠징 더

152

 365

은행을 이용할 때

제일 빠른 송금 방법은 무엇인가요?

最快的汇款方式是什么？

Zuì kuài de huìkuǎn fāngshì shì shénme?

쭈이 콰이 더 후이콴 팡스 스 션머

난 은행에 지사로 송금하러 갑니다.

我去银行给分公司汇款。

Wǒ qù yínháng gěi fēngōngsī huìkuǎn.

워 취 인항 게이 펀꽁쓰 후이콴

넌 집에 송금을 얼마나 했니?

你给家里寄多少钱？

Nǐ gěi jiāli jì duōshao qián?

니 게이 지아리 지 뚸샤오 치엔

집의 부모님들께 송금하고 싶습니다.

我要给家里的父母汇款。

Wǒ yào gěi jiāli de fùmǔ huìkuǎn.

워 야오 게이 지아리 더 푸무 후이콴

이 여행자수표를 현금으로 바꿀 수 있습니까?

能把这旅行支票换成现金吗？

Néng bǎ zhè lǚxíng zhīpiào huàn chéng xiànjīn ma?

넝 바 쩌 뤼씽 즈퍄오 환 청 시엔진 마

214

365

깜짝 놀랐을 때

하느님 맙소사!

天啊!

Tiān a!

티엔 아

말도 안 돼!

太不像话了!

Tài búxiànghuà le!

타이 부시앙화 러

아차!

哎哟!

Āiyō!

아이요

어머나!

哎哟妈呀!

Āiyō mā ya!

아이요 마 야

153

365

컴퓨터에 대해 말할 때

- 그는 컴퓨터 도사입니다.
  他是电脑高手。
  Tā shì diànnǎo gāoshǒu.
  타 스 띠엔나오 까오쇼우

- 개인 사이트를 만들고 싶습니다.
  我想建立个人网站。
  Wǒ xiǎng jiànlì gèrén wǎngzhàn.
  워 시앙 지엔리 거런 왕짠

- 난 컴퓨터학과에 진학하려고 해.
  我打算考计算机系。
  Wǒ dǎsuan kǎo jìsuànjīxì.
  워 따쏸 카오 지쏸지씨

- 컴퓨터를 배운 지 얼마 안 되어서 능숙하지 못합니다.
  刚学电脑没多久，还不熟练。
  Gāng xué diànnǎo méi duōjiǔ, hái bù shúliàn.
  깡 쉐 띠엔나오 메이 뛰지우, 하이 뿌 수리엔

213

365

이해를 못 했을 때

이해가 안 됩니다.
我没法理解。
Wǒ méifǎ lǐjiě.
워 메이파 리지에

무슨 말을 하는지 모르겠어요.
我不知你讲的是什么。
Wǒ bù zhī nǐ jiǎng de shì shénme.
워 뿌 즈 니 지앙 더 스 션머

당신 말씀을 이해할 수 없습니다.
我无法理解你的话。
Wǒ wúfǎ lǐjiě nǐ de huà.
워 우파 리지에 니 더 화

이해하기 어렵군요.
很难理解。
Hěn nán lǐjiě.
헌 난 리지에

그걸 전혀 이해할 수가 없군요.
那个，真是一点也不好理解。
Nàge, zhēnshi yìdiǎn yě bù hǎo lǐjiě.
나거, 쩐스 이디엔 이에 뿌 하오 리지에

154

 365

인터넷에 대해 말할 때

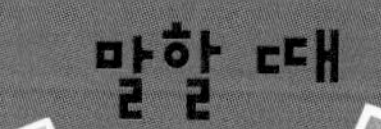

인터넷은 자주 합니까?

你经常上网吗?

Nǐ jīngcháng shàngwǎng ma?

니 찡창 샹왕 마

어떤 사이트 잘 들어갑니까?

你喜欢进哪个网站?

Nǐ xǐhuan jìn nǎge wǎngzhàn?

니 씨환 찐 나거 왕짠

나는 시간만 있으면 인터넷을 합니다.

我一有时间就进行网络漫游。

Wǒ yì yǒu shíjiān jiù jìnxíng wǎngluò mànyóu.

워 이 여우 스지엔 지우 찐씽 왕뤄 만여우

난 이미 사이트에 접속했어. 넌?

我已经进入网站了，你呢?

Wô yî jång jìn rù wângzhàn le, nî ne?

워 이 징 찐 루 왕짠 러, 니 너

내일 오전 10시에 인터넷에서 만나자.

明天上午十点登录，到时见。

Míngtiān shàngwǔ shí diǎn dēnglù, dàoshí jiàn.

밍티엔 샹우 스 디엔 덩루, 따오스 지엔

212

 365

이해를 했을 때 2

와, 그러니까 감이 잡히는군요.

哇，这下我摸到头緒了。

Wà, zhè xià wǒ mō dào tóuxù le.

와, 쩌 시아 워 모어 따오 토우쉬 러

이해할 만하군요.

我能够理解。

Wǒ nénggòu lǐjiě.

워 넝꺼우 리지에

당신의 입장을 이해합니다.

我理解你的立场。

Wǒ liějiě nǐ de lìchăng.

워 리지에 니 더 리창

시간이 지나면 알게 될 겁니다.

过了时间自会了解的。

Guòle shíjiān zìhuì liăojiě de.

꾸어러 스지엔 쯔후이 리아오지에 더

155

365

채팅에 대해 말할 때

우리 두 사람은 인터넷 채팅을 통해 알게 되었어.

我们俩是通过网上交流认识的。

Wǒmen liǎ shì tōngguò wǎngshàng jiāoliú rènshi de.

워먼 랴 스 통궈 왕샹 지아오리우 런스 더

인터넷에서 친구를 사귀는 것은 좋은 방법이야.

网上交朋友，也是一种好方法。

Wǎngshàng jiāo péngyou, yěshì yì zhǒng hǎo fāngfǎ.

왕샹 지아오 펑여우, 이에스 이 종 하오 팡파

인터넷에서 채팅도 자주 하고 있어요.

我常常上网聊天。

Wǒ chángcháng shàngwǎng liáotiān.

워 창창 샹왕 랴오티엔

211

365

이해를 했을 때 1

이해했어요.

我理解。

Wǒ lǐjiě.

워 리지에

아, 알겠습니다.

哦，明白了。

Ò, míngbai le.

오, 밍바이 러

아, 무슨 말씀인지 알겠습니다.

啊，我明白是什么意思了。

Ā, wǒ míngbai shì shénme yìsi le.

아, 워 밍바이 스 션머 이쓰 러

알겠군요.

明白了。

Míngbai le.

밍바이 러

이해가 되는군요.

可以理解。

Kěyǐ lǐjiě.

커이 리지에

이메일에 대해 말할 때

이메일 보냈는데 왜 받지 못했습니까?

我给你发电子邮件你怎么收不到啊？

Wǒ gěi nǐ fā diànzi yóujiàn nǐ zěnme shōubudào a?

워 게이 니 파 띠엔즈 여우지엔 니 쩐머 쇼우부따오 아

이메일함이 꽉 찼습니다.

我的信箱满了。

Wǒ de xìnxiāng mǎn le.

워 더 씬시앙 만 러

어디에서 그렇게 많은 메일이 옵니까?

哪来那么多的信？

Nǎ lái nàme duō de xìn?

나 라이 나머 뚜 더 씬

스팸메일이 아주 많아. 지워야겠어.

有很多垃圾邮件，该删了。

Yǒu hěn duō lājī yóujiàn, gaī shān le.

여우 헌 뚸 라지 여우지엔, 까이 샨 러

나는 그에게 이메일을 자주 보냅니다.

我常给他发电子邮件。

Wǒ cháng gěi tā fā diànzi yóujiàn.

워 창 게이 타 파 띠엔쯔 여우지엔

210

365

이해 여부를 확인할 때

이해하시겠어요?

你能理解吗?

Nǐ néng lǐjiě ma?

니 넝 리지에 마

그것을 이해하겠니, 왕평(왕핑)?

你能理解那个吗， 王平?

Nǐ néng lǐjiě nà ge ma, WángPíng?

니 넝 리지에 나 거 마, 왕핑

제가 한 말을 알겠어요?

你明白我说的话吗?

Nǐ míngbai wǒ shuō de huà ma?

니 밍바이 워 슈어 더 화마

제 말 뜻을 이해하시겠어요?

你理解我说的意思吗?

Nǐ lǐjiě wǒ shuō de yìsi ma?

니 리지에 워 슈어 더 이쓰마

지금까지 제가 한 말을 이해하시겠어요?

你能理解我至今说的话吗?

Nǐ néng lǐjiě wǒ zhìjīn shuō de huà ma?

니 넝 리지에 워 즈진 슈어 더 화 마

157

365

인터넷 쇼핑에 대해 말할 때

인터넷 쇼핑은 아주 편리합니다.

网上购物很方便。

Wǎngshàng gòuwù hěn fāngbiàn.

왕샹 꺼우우 헌 팡비엔

인터넷 쇼핑은 집을 나가지 않고도 가능합니다.

网上购物可以足不出戸。

Wǎngshàng gòuwù kěyǐ zú bù chūhù.

왕샹 꺼우우 커이 주 뿌 추후

인터넷 쇼핑을 자주 이용합니까?

你常用购物网站吗？

Nǐ cháng yòng gòuwù wǎngzhàn ma?

니 창 용 꺼우우 왕짠 마

인터넷 뱅킹을 이용하니 너무 편리합니다.

使用网上结帐，实在是太方便了。

Shǐyòng wǎngshàng jiézhàng, shízài shì tài fāngbiàn le.

스용 왕샹 지에짱, 스짜이 스 타이 팡비엔 러

209

365

설명을 요구할 때

설명을 좀 해 주시겠습니까?

请给我解释一下嘛！

Qǐng gěi wǒ jiěshì yíxià ma!

칭 게이 워 지에스 이시아마

무슨 말인지 전혀 모르겠어요.

全然不知道是什么意思。

Quánrán bù zhīdao shì shénme yìsi.

취엔란 뿌 즈따오 스 션머 이쓰

도무지 감이 잡히질 않습니다.

一点摸不着头绪。

Yìdiǎn mōbùzháo tóuxù.

이디엔 모우뿌짜오 토우쉬

158

365

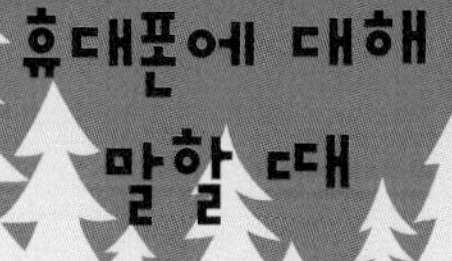

휴대폰 번호는 몇 번이니?

你的手机号是多少？

Nǐ de shǒujīhào shì duōshao?

니 더 쇼우지하오 스 뚸샤오

자리에 안 계십니다. 휴대폰으로 전화해보세요.

他现在不在，打手机一下。

Tā xiànzài bú zài, dǎ shǒujī yíxià.

타 시엔짜이 뿌 짜이, 따 쇼우지 이시아

요즘은 은행 업무도 핸드폰으로 합니다.

最近手机可以办银行业务。

Zuìjìn shǒujī kěyǐ bàn yínháng yèwù.

쭈이진 쇼우지 커이 빤 인항 이에우

208

365

말을 재촉할 때

제발 말씀해 주세요.

求求您，告诉我。

Qiúqiú nín,　gàosu wǒ.

치우치우 닌,　까오수 워

할 말이 있으면 하세요.

您有话就说吧。

Nín yǒu huà jiù shuō ba.

닌 여우 화 지우 슈어 바

이유를 말해 보세요.

请讲讲理由。

Qǐng jiǎngjiang lǐyóu.

칭 지앙지앙 리여우

하고 싶은 말을 해 보세요.

有什么想说的就说吧。

Yǒu shénme xiǎng shuō de jiù shuō ba.

여우 션머 시앙 수어더 지우 슈어 바

159

365

길을 물을 때

저, 실례합니다.

打扰了。

Dărăo le.

따라오 러

(지도를 가리키며) 여기는 어디에 있습니까?

这个地方在哪里？

Zhège dìfang zài nălǐ?

쩌거 디팡 짜이 나리

실례합니다. 잠깐 여쭙겠습니다.

对不起，请问一下。

Duìbuqǐ, qǐngwèn yíxià.

뚜이부치, 칭원 이시아

백화점은 어디에 있습니까?

百货商店在哪里？

Băihuòshāngdiàn zài nălǐ?

빠이훠샹띠엔 짜이 나리

207

365

직함을 부를 때

의사 선생님!

大夫!

Dàifu!

따이프

경관님!

警察先生!

Jǐngchá xiānsheng!

징차 시엔셩

교수님!

教授先生!

Jiàoshòu xiānsheng!

지아오쇼우 시엔셩

박사님!

博士先生!

Bóshì xiānsheng!

보우스 시엔셩

160

365

길을 잃었을 때

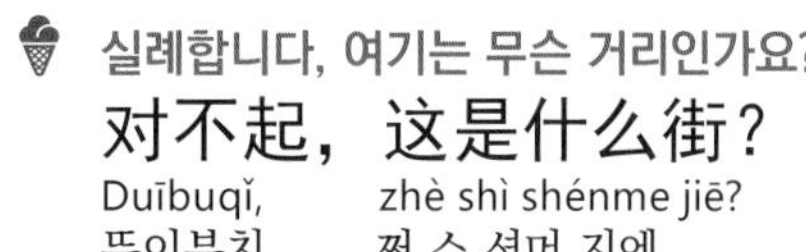

실례합니다, 여기는 무슨 거리인가요?

对不起，这是什么街？

Duībuqǐ, zhè shì shénme jiē?

뚜이부치, 쩌 스 션머 지에

길을 잃었습니다.

我迷路了。

Wǒ mílù le.

워 미루 러

길을 잘못 들었습니다.

你走错路了。

Nǐ zǒu cuò lù le.

니 쪼우 춰 루 러

이 길이 아닌가요?

不是这条路吗？

Búshì zhè tiáo lù ma?

뿌스 쩌 탸오 루 마

친절을 베풀어 주셔서 감사합니다.

谢谢你那么亲切。

Xièxie nǐ nàme qīnqiē.

씨에씨에 니 나머 친치에

206

365

모르는 사람을 부를 때

죄송합니다만.
打扰你了。
Dărăo nǐ le.
따라오 니 러

실례합니다.
失礼了。
Shīlǐ le.
스리 러

저, 여보세요. (모르는 남자를 부를 때)
哦，我说。
É, wǒ shuō.
으어, 워 슈어

저기요.
我说。
Wǒ shuō.
워 슈어

거기 너!
那边那人！
Nàbiān nà rén!
나비엔 나 런

161

365

길을 가르쳐 줄 때

- 곧장 가십시오.
  请简直走。
  Qǐng jiǎnzhí zǒu.
  칭 지엔즈 쩌우

- 저기서 오른쪽으로 도세요.
  在那里往右拐。
  Zài nàli wǎng yòu guǎi.
  짜이 나리 왕 여우 꽈이

- 저도 같은 방향으로 가는 중입니다.
  我正好和你同路。
  Wǒ zhènghǎo hé nǐ tónglù.
  워 쩡하오 허 니 통루

- 차를 타는 게 좋아요.
  你最好坐车。
  Nǐ zuìhǎo zuò chē.
  니 쭈이하오 쭤 처

- 가로수 길을 따라 걸어가세요.
  沿着这街边的树走。
  Yánzhe zhè jiēbiān de shù zǒu.
  옌줘 쩌 지에삐엔 더 수 저우

205

 365

사람을 부를 때

손 씨.
孙先生。
Sūn xiānsheng.
쑨 시엔셩

손 여사.
孙夫人（孙太太）。
Sūn fūrén (Sūn tàitai).
쑨 푸런 (쑨 타이타이)

리리 양.
莉莉小姐。
Lìlì xiǎojie.
리리 시아오지에

아빠! / 아버지!
爸爸！/父亲！
Bàba! / Fùqīn!
빠바 / 푸친

162

365

길을 잘 모를 때

미안합니다. 잘 모르겠습니다.

对不起，不太清楚。

Duìbuqǐ, bútài qīngchu.

뚜이부치, 뿌타이 칭추

저는 여행자입니다.

我是来旅行的。

Wǒ shì lái lǚxíng de.

워 스 라이 뤼싱 더

저도 잘 모릅니다.

我也不清楚。

Wǒ yě bù qīngchu.

워 이에 뿌 칭추

다른 사람에게 물어보십시오.

请问别人吧。

Qǐngwèn biérén ba.

칭원 비에런 바

지도를 가지고 있습니까?

有地图吗？

Yǒu dìtú ma?

여우 디투 마

204

365

약을 구입할 때

이 근처에 약국은 있습니까?
这附近有药房吗？
Zhè fùjìn yǒu yàofáng ma?
쩌 푸진 여우 야오팡 마

가장 가까운 약국은 어디에 있습니까?
最近的药房在哪儿？
Zuìjìn de yàofáng zài nǎr?
쭈이진 더 야오팡 짜이 날

이 약은 효과가 있습니다.
这药有效果。
Zhè yào yǒu xiàoguǒ.
쩌 야오 여우 시아오궈

이 약은 감기 치료에 아주 효과가 빠릅니다.
这药对治疗感冒疗效显著。
Zhè yào duì zhìliáo gǎnmào liáoxiào xiǎnzhù.
쩌 야오 뚜이 즈랴오 깐마오 랴오시아오 시엔주

이 약은 나에게 효과가 없습니다.
这药对我来说没有效果。
Zhè yào duì wǒ lái shuō méiyou xiàoguǒ.
쩌 야오 뚜이 워 라이 쉬 메이여우 시아오궈

163

365

택시를 타기 전에

택시 승강장은 어디에 있습니까?

坐出租车的地方在哪里？

Zuòchūzūchē de dìfang zaì nǎli?

쭤추주처 더 디팡 짜이 나리

어디에서 택시를 탈 수 있습니까?

在哪里能坐出租车？

Zaì nǎli néng zuò chūzūchē?

짜이 나리 넝 쭤 추주처

택시를 잡읍시다.

打个出租车吧。

Dǎ ge chūzūchē ba.

따 거 추주처 바

택시!

出租车！

Chūzūchē!

추주처

203

365

약을 조제받을 때

약을 처방해 주십시오.

请开药。

Qǐng kāiyào.

칭 카이야오

처방대로 약을 조제해 주세요.

请按处方给我配药。

Qǐng àn chùfāng geǐ wǒ pèiyào.

칭 안 추팡 게이 워 페이야오

검진을 하고 나서 처방을 써 드릴게요.

诊察后，给你处方吧。

Zhěnchá hòu, gěi nǐ chùfāng ba.

쩐차 허우, 게이 니 추팡 바

처방전을 써 드릴게요.

我给你开个药方吧。

Wǒ gěi nǐ kāi ge yàofāng ba.

워 게이 니 카이 거 야오팡 바

처방전을 쓴 데서 약을 지으세요.

你在开处方的地方抓药吧。

Nǐ zài kāi chùfāng de dìfang zhuāyào ba.

니 짜이 카이 추팡 더 디팡 좌야오 바

164

365

택시를 탈 때

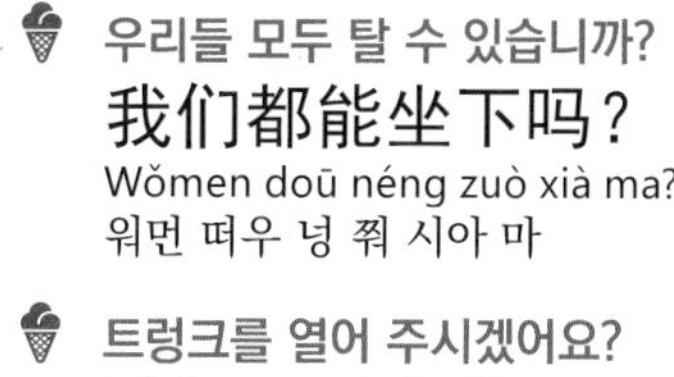

우리들 모두 탈 수 있습니까?
我们都能坐下吗?
Wǒmen doū néng zuò xià ma?
워먼 떠우 넝 쭤 시아 마

트렁크를 열어 주시겠어요?
请打开后备箱?
Qǐng dǎkāi hòubèixiāng?
칭 따카이 허우뻬이시앙

짐을 좀 조심해서 다뤄 주세요.
搬行李请小心点。
Bān xíngli qǐng xiǎoxīn diǎn.
빤 싱리 칭 시아오신 디엔

(주소를 보이며) 이 주소로 가 주세요.
请到这个地址。
Qǐng dào zhège dìzhǐ.
칭 따오 쩌거 디즈

서둘러 주시겠어요?
可以快点吗?
Kěyǐ kuài diǎn ma?
커이 콰이 디엔 마

202

365

퇴원에 대해서

그는 이미 퇴원했습니다.
他已经出院了。
Tā yǐjīng chūyuàn le.
타 이징 추위엔 러

하루 빨리 퇴원하기를 바랍니다.
真希望你早日出院。
Zhēn xīwàng nǐ zǎorì chūyuàn.
쩐 씨왕 니 짜오르 추위엔

퇴원 후 집에서 한동안 쉬어야 합니다.
出院后，得在家里休息一段日子。
Chūyuàn hòu, děi zài jiāli xiūxi yí duàn rìzi.
추위엔 허우, 데이 짜이 지아리 씨우씨 이 똰 르쯔

일주일 내에 퇴원할 수 있습니다.
一周之内就可以出院了。
Yì zhōu zhī nèi jiù kěyǐ chūyuàn le.
이 저우 즈 네이 지우 커이 추위엔 러

며칠 후면 퇴원할 수 있습니다.
过几天就可以出院了。
Guò jǐ tiān jiù kěyǐ chūyuàn le.
꿔 지 티엔 지우 커이 추위엔 러

165

365

택시에서 내릴 때

여기서 세워 주세요.
请在这里停车。
Qǐng zài zhèli tíngchē.
칭 짜이 쩌리 팅처

다음 신호등에서 세워 주세요.
请在下一个信号灯停下。
Qǐng zài xià yí ge xìnhàodēng tíng xià.
칭 짜이 시아 이 거 신하오떵 팅 시아

좀 더 앞까지 가 주세요.
请再往前走一点。
Qǐng zài wǎng qián zǒu yìdiǎn.
칭 짜이 왕 치엔 쩌우 이디엔

여기서 기다려 주시겠어요.
请你在这里等我。
Qǐng nǐ zài zhèli děng wǒ.
칭 니 짜이 쩌리 덩 워

얼마입니까?
多少钱？
Duōshao qián?
뚸사오 치엔

201

365

입원에 대해서

그는 입원치료를 받아야 합니다.

他得住院治疗。

Tā děi zhùyuàn zhìliáo.

타 데이 쭈위엔 즈랴오

그는 이미 입원했습니다.

他已经住了院。

Tā yǐjīng zhùle yuàn.

타 이징 쭈러 위엔

그는 입원치료를 받아야 할 것 같습니다.

他可能得住院接受治疗。

Tā kěnéng děi zhùyuàn jiēshòu zhìliáo.

타 커넝 데이 쭈위엔 지에셔우 즈랴오

입원비는 언제 냅니까?

住院费什么时候交?

Zhùyuànfèi shénme shíhou jiāo?

쭈위엔페이 션머 스허우 지아오

그가 입원했어요. 병원에 병문안 가 보세요.

他住了院，你到医院看看他吧。

Tā zhùle yuàn, nǐ dào yīyuàn kànkan tā ba.

타 쭈러 위엔, 니 따오 이위엔 칸칸 타 바

166

 365

시내·시외버스를 탈 때

어디에서 버스 노선도를 얻을 수 있나요?
在哪里可以弄到公共汽车路线图?
Zài nǎli kěyǐ nòngdào gōnggòngqìchē lùxiàntú?
짜이 나리 커이 농 따오 꽁공치처 루시엔투

표는 어디에서 살 수 있나요?
车票在哪儿买?
Chē piào zài nǎr mǎi?
처 퍄오 짜이 날 마이

어느 버스를 타면 되나요?
要坐哪个公共汽车?
Yào zuò nǎge gōnggòngqìchē?
야오 쭤 나거 꽁공치처

(버스를 가리키며) 미술관행인가요?
去美术馆吗?
Qù měishùguǎn ma?
취 메이수관 마

갈아타야 하나요?
需要换车吗?
Xūyào huànchē ma?
쉬야오 환처 마

200

365

건강검진에 대해서

병원에 가서 검사해 봤어요?
去医院检查了吗?
Qù yīyuàn jiǎnchá le ma?
취 이위엔 지엔차 러 마

금년에 건강검진을 받아 본 적이 있습니까?
今年你做过身体检查吗?
Jīnnián nǐ zuòguo shēntǐ jiǎnchá ma?
찐니엔 니 쭤궈 션티 지엔차 마

한번 건강검진을 받아 보세요.
我建议你检查一下身体。
Wǒ jiànyì nǐ jiǎnchá yíxià shēntǐ.
워 지엔이 니 지엔차 이시아 션티

진단 결과는 어떻습니까?
诊断结果怎么样?
Zhěnduàn jiéguǒ zěnmeyàng?
쩐똰 지에궈 쩐머양

혈액검사 결과가 음성으로 나타났습니다.
血液检查结果，是阴性。
Xiěyè jiǎnchá jiéguǒ, shì yīnxìng.
씨에이에 지엔차 지에궈, 스 인씽

167

365

관광버스를 탈 때

상해를 방문하는 투어는 있습니까?

有游览上海的观光团吗?

Yǒu yóulǎn Shànghaǐ de guānguāngtuán ma?

여우 여우란 샹하이 더 꽌광퇀 마

여기서 예약할 수 있나요?

在这里可以预定吗?

Zài zhèli kěyǐ yùdìng ma?

짜이 쩌리 커이 위딩 마

버스는 어디에서 기다립니까?

在哪儿等公共汽车?

Zài nǎr děng gōnggòngqìchē?

짜이 날 덩 꽁공치처

몇 시에 돌아옵니까?

几点钟回来?

Jǐ diǎnzhōng huílái?

지 디엔쫑 후이라이

투어는 몇 시에 어디에서 시작됩니까?

观光团几点在哪儿出发?

Guānguāngtuán jǐ diǎn zài nǎr chūfā?

꽌광퇀 지 디엔 짜이 날 추파

199

365

안과 · 치과에서

시력이 매우 안 좋습니다.

视力很差。

Shìlì hěn chà.

스리 헌 차

시력이 안 좋아서 안경을 씁니다.

视力不好，所以戴眼镜。

Shìlì bù hǎo, suǒyǐ dài yǎnjìng.

스리 뿌 하오, 수워이 따 이옌징

시력이 별로 좋지 않습니다.

视力不太好。

Shìlì bútài hǎo.

스리 부타이 하오

이가 약간 흔들거립니다.

我的牙齿有点松动。

Wǒ de yáchǐ yǒudiǎn sōngdòng.

워 더 야츠 여우디엔 쑹뚱

충치로 인해 많이 아픕니다.

因为虫牙疼得厉害。

Yīnwèi chóngyá téng de lìhai.

인웨이 총야 텅 더 리하이

168

365

지하철역에서

지하철 노선도를 주세요.

请给我地铁路线图。

Qǐng gěi wǒ dìtiě lùxiàntú.

칭 게이 워 띠티에 루시엔투

이 근처에 지하철역이 있습니까?

这附近有地铁站吗？

Zhè fùjìn yǒu dìtiězhàn ma?

쩌 푸진 여우 띠티에짠 마

표는 어디에서 삽니까?

在哪里买票？

Zài nǎli mǎi piào?

짜이 나리 마이 퍄오

자동매표기는 어디에 있습니까?

自动售票机在哪里？

Zìdòng shòupiàojī zài nǎli?

즈뚱 셔우퍄오지 짜이 나리

공원으로 가려면 어느 출구로 나가면 됩니까?

请问去公园要从哪个出口出去？

Qǐngwèn qù gōngyuán yào cóng nǎge chūkǒu chūqù?

칭원 취 꽁위엔 야오 총 나거 추커우 추취

198

365

외과에서

다리를 다쳐서 많이 아파요.

我的腿受了伤，疼得厉害。

Wǒ de tuǐ shòule shāng, téng de lìhai.

워 더 투이 셔우러 샹, 텅 더 리하이

무릎관절을 삐었습니다.

扭伤了膝关节。

Niǔshāngle xīguānjié.

니우샹러 씨꽌지에

부주의해서 발목을 삐었습니다.

不小心捩伤了脚脖子。

Bù xiǎoxīn lièshāngle jiǎobózi.

뿌 시아오씬 리에샹러 지아오뽀즈

오른쪽 다리가 부러졌습니다.

我的右腿骨折了。

Wǒ de yòutuǐ gǔzhé le.

워 더 여우투이 꾸저 러

타박상으로 다리가 많이 부었습니다.

被踢伤的腿肿得厉害。

Bèi tīshāng de tuǐzhǒng de lìhai.

뻬이 티샹 더 투이종 더 리하이

169

365

지하철을 탔을 때

어디에서 갈아탑니까?

在哪儿换乘?

Zài nǎr huànchéng?

짜이 날 환청

이건 자금성에 갑니까?

这个车到故宫吗?

Zhège chē dào Gùgōng ma?

쩌거 처 따오 꾸꿍 마

북경역을 가려면 아직 몇 역 남았습니까?

北京站到那里还有几站?

Běijīngzhàn dào nàli haíyǒu jǐ zhàn?

베이징짠 따오 나리 하이여우 지 짠

다음은 어디입니까?

下一站是哪里?

Xià yí zhàn shì nǎli?

시아 이 짠 스 나리

이 지하철은 북경역에 섭니까?

这个地铁在北京站停吗?

Zhège dìtiě zài Běijīngzhàn tíng ma?

쩌거 띠티에 짜이 베이찡짠 팅 마

197

365

신경외과에서

다리가 약간 쑤시듯이 아픕니다.

我的腿有点儿刺痛。

Wǒ de tuǐ yǒudiǎnr cìtòng.

워 더 투이 여우디알 츠통

다리가 저려서 걷지 못하겠습니다.

我因为腿麻走不动了。

Wǒ yīnwèi tuǐ má zǒubudòng le.

워 인웨이 투이 마 저우부똥 러

병 때문에 두 손이 저립니다.

因为病症两手发麻。

Yīnwèi bìngzhèng liǎng shǒu fāmá.

인웨이 삥쩡 량 셔우 파마

170

365

열차표를 구입할 때

매표소는 어디입니까?

售票处在哪里？

Shòupiàochù zài nǎli?

셔우퍄오추 짜이 나리

상해까지 편도 주세요.

请给我到上海的单程票。

Qǐng gěi wǒ dào Shànghaǐ de dānchéngpiào.

칭 게이 워 따오 샹하이 더 딴청퍄오

9시 급행표를 주세요.

请给我九点钟的快车票。

Qǐng gěi wǒ jiǔ diǎnzhōng de kuàichēpiào.

칭 게이 워 지우 디엔쫑 더 콰이처퍄오

예약 창구는 어디입니까?

预约窗口在哪里？

Yùyuē chuāngkoǔ zài nǎli?

위위에 촹커우 짜이 나리

1등석을 주세요.

请给我头等座。

Qǐng gěi wǒ tóuděngzuò.

칭 게이 워 터우덩쭤

내과에서

발열, 두통, 콧물이 나는 증상이 있습니다.

有发热，头痛，流鼻涕等症状。

Yǒu fārè, tóutòng, liú bítì děngzhèngzhuàng.

여우 파러, 터우통, 리우 비티 덩쩡쫭

복부에 쑤시는 듯한 느낌이 있습니다.

我的腹部有刺痛的感觉。

Wǒ de fùbù yǒu cìtòng de gǎnjuè.

워 더 푸뿌 여우 츠통 더 깐쮀

한차례 심한 통증을 느꼈습니다.

感觉到了一阵剧烈的疼痛。

Gǎnjuè dào le yí zhèn jùliè de téngtòng.

깐쮀 따오 러 이 쩐 쥐리에 더 텅통

그가 열이 많이 납니다.

他发烧得厉害。

Tā fāshāo de lìhai.

타 파샤오 더 리하이

그런 냄새만 맡으면 토하고 싶습니다.

一闻到那种气味我就想吐。

Yī wén dào nà zhǒng qìwèi wǒ jiù xiǎng tǔ.

이 원 따오 나 종 치웨이 워 지우 시앙 투

171

365

열차를 탈 때

3번 홈은 어디입니까?

三号站台在哪里？

Sān hào zhàntái zài nǎli?

싼 하오 짠타이 짜이 나리

상해행 열차는 어디입니까?

到上海的火车在哪里？

Dào Shànghaǐ de huǒchē zài nǎli?

따오 샹하이 더 훠처 짜이 나리

이건 상해행입니다.

这是到上海的车。

Zhè shì dào Shànghaǐ de chē.

쩌 스 따오 상하이 더 처

(표를 보여주며) 이 열차 맞습니까?

是这个火车吗？

Shì zhège huǒchē ma?

스 쩌거 훠처 마

다음 역은 어디입니까?

下一站是哪里？

Xià yí zhàn shì nǎli?

시아 이 짠 스 나리

195

365

병의 증상을 물을 때

어디가 아파서 왔습니까?
您是来看什么病的?
Nín shì lái kàn shénme bìng de?
닌 스 라이 칸 션머 삥 더

어디가 아프세요?
你哪儿生病了?
Nǐ nǎr shēngbìng le?
니 날 셩삥 러

구체적으로 어디가 아프세요?
您具体哪儿疼?
Nín jùtǐ nǎr téng?
닌 쥐티 날 텅

어디가 불편하세요?
哪儿觉得不舒服?
Nǎr juéde bù shūfu?
날 줴더 뿌 수푸

병명은 무엇입니까?
病名是什么?
Bìngmíng shì shénme?
삥밍 스 션머

172

365

열차 안에서

여기는 제 자리입니다.
这是我的位子。
Zhè shì wǒ de wèizi.
쩌 스 워 더 웨이즈

이 자리는 비어 있나요?
这个位子是空的吗?
Zhège wèizi shì kōng de ma?
쩌거 웨이즈 스 콩 더 마

창문을 열어도 되겠습니까?
可以打开窗戶吗?
Kěyǐ dǎkāi chuānghu ma?
커이 따카이 촹후 마

식당차는 어디에 있습니까?
饭店车在哪里?
Fàndiàn chē zài nǎli?
판디엔 처 짜이 나리

상해까지 몇 시간입니까?
到上海多长时间?
Dào Shànghaǐ duō cháng shíjiān?
따오 상하이 뚸 창 스지엔

194

365

상태를 말할 때

몸이 안 좋습니다.
身体不舒服。
Shēntǐ bù shūfu.
션티 뿌 수푸

아이 상태가 좀 이상합니다.
小孩的状态有点奇怪。
Xiǎohái de zhuàngtài yǒudiǎn qíguài.
시아오하이 더 쫭타이 여우디엔 치꽈이

현기증이 납니다.
我觉得头晕。
Wǒ juéde tóuyūn.
워 줴더 터우윈

몸이 나른합니다.
身体无力。
Shēntǐ wú lì.
션티 우리

식욕이 없습니다.
没有食欲。
Méiyou shíyù.
메이여우 스위

173

365

열차에서 트러블이 있을 때

표를 잃어버렸습니다.

票弄丢了。

Piào nòng diū le.

퍄오 농 띠우 러

어디에서 탔습니까?

您在哪里上车的?

Nín zài nǎli shàngchē de?

닌 짜이 나리 샹처 더

내릴 역을 지나쳤습니다.

我坐过站了。

Wǒ zuò guò zhàn le.

워 쭤 궈 짠 러

이 표는 아직 유효합니까?

票还有效吗?

Piào hái yǒuxiào ma?

퍄오 하이 여우시아오 마

193

365

병원에서

의사를 불러 주세요.
请叫大夫。
Qǐng jiào dàifu.
칭 지아오 따이푸

의사에게 진찰을 받고 싶은데요.
想让大夫看病。
Xiǎng ràng dàifu kànbìng.
시앙 랑 따이푸 칸삥

병원으로 데리고 가 주시겠어요?
能送我到医院吗?
Néng sòng wǒ dào yīyuàn ma?
넝 쏭 워 따오 이위엔 마

진료 예약이 필요한가요?
看病需要预约吗?
Kànbìng xūyào yùyuē ma?
칸삥 쉬야오 위위에 마

174

365

국내선 항공권을 예약할 때

비행기 예약을 부탁합니다.
请给我预约飞机。
Qǐng gěi wǒ yùyuē fēijī.
칭 게이 워 위위에 페이지

내일 상해행 비행기 있습니까?
明天有飞往上海的飞机吗？
Míngtiān yǒu fēi wǎng Shànghaǐ de fēijī ma?
밍티엔 여우 페이 왕 상하이 더 페이지 마

일찍 가는 비행기로 부탁합니다.
请给我订早班飞机。
Qǐng gěi wǒ dìng zǎobān fēijī.
칭 게이 워 딩 자오빤 페이지

성함과 편명을 말씀하십시오.
请告诉我姓名和班机号。
Qǐng gàosu wǒ xìngmíng hé bānjīhào.
칭 까오수 워 씽밍 허 빤지하오

출발시간을 확인하고 싶은데요.
想确认出发时间。
Xiǎng quèrèn chūfā shíjiān.
시앙 췌런 추파 스지엔

192

365

사고 경위를 진술할 때

도로표지판의 뜻을 잘 몰랐습니다.

我没弄清楚道路指示盘。

Wǒ méi nòng qīngchu dàolù zhǐshìpán.

워 메이 농 칭추 따오루 즈스판

제 책임이 아닙니다.

不是我的责任。

Búshì wǒ de zérèn.

부스 워 더 쩌런

상황이 잘 기억나지 않습니다.

记不清是什么情况了。

Jìbuqīng shì shénme qíngkuàng le.

지부칭 스 션머 칭쾅 러

신호를 무시했습니다.

忽视信号了。

Hūshì xìnhào le.

후스 신하오 러

저야말로 피해자입니다.

我是被害人啊。

Wǒ shì bèi hàirén a.

워 스 뻬이 하이런 아

175

365

국내선 항공기 체크인과 탑승

중국국제항공 카운터는 어디입니까?
中国国际航空手续柜台在哪里？
Zhōnggúo guójì hángkōng shǒuxù guìtái zài nǎli?
쭝궈 꿔지 항콩 셔우쉬 꿰이타이 짜이 나리

지금 체크인할 수 있습니까?
现在可以办登机手续吗？
Xiànzài kěyǐ bàn dēngjī shǒuxù ma?
시엔짜이 커이 빤 떵지 셔우쒸 마

항공권은 가지고 계십니까?
飞机票在手里吗？
Fēijīpiào zài shǒu li ma?
페이지퍄오 짜이 셔우 리 마

이 짐은 기내로 가지고 갑니다.
这个行李拿到机内。
Zhège xíngli ná dào jī nèi.
쩌거 싱리 나 따오 지 네이

몇 번 출구로 나가면 됩니까?
要从几号出口出去？
Yào cóng jǐ hào chūkǒu chūqù?
야오 총 지 하오 추커우 추취

191

365

교통사고를 냈을 때

사고를 냈습니다.
我肇事了。
Wǒ zhàoshì le.
워 자오스 러

보험을 들었습니까?
参加保险了吗？
Cānjiā bǎoxiǎn le ma?
찬지아 빠오시엔 러 마

속도위반입니다.
超速了。
Chāosù le.
차오쑤 러

제한속도로 달렸는데요.
按规定速度驾驶的呀。
Ān guīdìng sùdù jiàshǐ de ya.
안 꾸이딩 쑤뚜 지아스 더 야

렌터카 회사로 연락해 주세요.
请联络借车公司。
Qǐng liánluò jièchē gōngsī.
칭 리엔뤄 지에처 공쓰

176

365

자동차를 빌릴 때

(공항에서) 렌터카 카운터는 어디에 있습니까?

借车的地方在哪里？

Jièchē de dìfang zài nǎli?

지에처 더 띠팡 짜이 나리

예약을 한 사람인데요.

我已经预约了。

Wǒ yǐjīng yùyuē le.

워 이징 위위에 러

어느 정도 운전할 예정이십니까?

要开多长时间的车？

Yào kāi duō cháng shíjiān de chē?

야오 카이 뚸 창 스지엔 더 처

일주일 정도입니다.

一周左右。

Yì zhōu zuǒyòu.

이 조우 쭤여우

190

 365

교통사고를 당했을 때

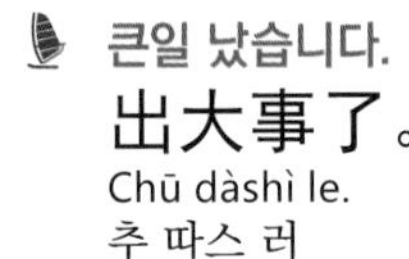

큰일 났습니다.

出大事了。

Chū dàshì le.

추 따스 러

교통사고가 일어났습니다.

出车祸了。

Chù chēhuò le.

추 처훠 러

친구가 차에 치였습니다.

我的朋友被车撞了。

Wǒ de péngyou bèi chēzhuàng le.

워 더 펑여우 뻬이 처쫭 러

구급차를 불러 주세요.

请叫救护车。

Qǐng jiào jiùhùchē.

칭 지아오 지우후처

177

365

차종을 고를 때

어떤 차가 있습니까?

都有什么车?

Doū yǒu shénme chē?

떠우 여우 션머 처

렌터카 목록을 좀 보여 주시겠어요?

请给我看一下都有什么车?

Qǐng gěi wǒ kàn yíxià doū yǒu shénme chē?

칭 게이 워 칸 이시아 떠우 여우 션머 처

어떤 타입의 차가 좋으시겠습니까?

喜欢什么样式的车?

Xǐhuan shénme yàngshì de chē?

씨환 션머 양스 더 처

중형차를 빌리고 싶은데요.

想借中型车。

Xiǎng jiè zhōngxíngchē.

시앙 지에 쫑씽처

오토매틱밖에 운전하지 못합니다.

只能开自动档车。

Zhǐnéng kāi zìdòng dàng chē.

즈넝 카이 쯔뚱 땅 처

189

365

경찰서에서

경찰서는 어디에 있습니까?

警察局在哪儿？

Jǐngchájú zài nǎr?

징차쥐 짜이 날

경찰에 신고해 주시겠어요?

能帮我报警吗？

Néng bāng wǒ bàojǐng ma?

넝 빵 워 빠오징 마

누구에게 알려야 하죠?

要跟谁说？

Yào gēn shéi shuō?

야오 껀 쉐이 쉬

경찰에 도난신고서를 내고 싶은데요.

想往警察局提出被盗申请。

Xiǎng wǎng jǐngchájú tíchū bèi dào shēnqǐng.

시앙 왕 징차쥐 티추 뻬이 따오 션칭

한국대사관은 어디입니까?

韩国大使馆在哪儿？

Hánguó dàshǐguǎn zài nǎr?

한궈 따스꽌 짜이 날

178

365

렌터카 요금과 보험을 물을 때

- 선불이 필요합니까?
  需要先付钱吗？
  Xūyào xiān fùqián ma?
  쉬야오 시엔 푸치엔 마

- 보증금은 얼마입니까?
  押金是多少？
  Yàjīn shì duōshao?
  야찐 스 뚸샤오

- 1주간 요금은 얼마입니까?
  一周的费用是多少？
  Yì zhōu de fēiyòng shì duōshao?
  이 조우 더 페이융 스 뚸샤오

- 그 요금에 보험은 포함되어 있습니까?
  那个费用包括保险金吗？
  Nàge fèiyòng baōkuò bǎoxiǎnjīn ma?
  나거 페이융 빠오꾸아 바오시엔진 마

- 종합보험을 들어 주십시오.
  请加入综合保险。
  Qǐng jiārù zōnghé bǎoxiǎn.
  칭 지아루 쭝허 바오시엔

188

365

도난당했을 때

멈춰! 도둑이야!

站住！ 小偷！

Zhànzhù！ xiǎotōu!

짠쭈! 시아오터우

내놔!

拿出来！

Ná chūlái!

나 추라이

저놈이 내 가방을 뺏어갔어요.

是他把我的包拿走了。

Shì tā bǎ wǒ de baō ná zoǔ le.

스 타 바 워 더 빠오 나 쩌우 러

지갑을 도둑맞았어요.

钱包被偷了。

Qíanbaō bèi tōu le.

치엔빠오 뻬이 터우 러

지갑을 소매치기당한 것 같아요.

钱包大概被扒了去了。

Qíanbaō dàgài bèi bā le qù le.

치엔빠오 따 까이 뻬이 빠 러 취 러

179

365

차를 운전하면서

안전벨트를 매세요.
请系上安全带。
Qǐng jì shàng ānquándài.
칭 지 샹 안췐따이

에어컨 좀 켜 주세요.
请开一下空調。
Qǐng kāi yíxià kōngtiáo.
칭 카이 이시아 콩탸오

속도 좀 줄이세요.
请慢一点。
Qǐng màn yìdiǎn.
칭 만 이디엔

출퇴근 시간은 항상 이런가요?
上下班时间总是这样吗？
Shàngxiàbān shíjiān zǒngshì zhèyàng ma?
샹시아빤 스지엔 쫑스 쩌양 마

우측 차선으로 들어가세요.
切换到右边车道。
Qiēhuàn dào yòubian chēdào.
치에환 따오 여우삐엔 처따오

187

365

분실했을 때

분실물 취급소는 어디에 있습니까?

领取丢失物品的地方在哪里？

Lǐngqǔ diū shīwùpǐn de dìfang zǎi nǎli?

링취 띠우스 우핀 더 띠팡 짜이 나리

무엇을 잃어버렸습니까?

您丢了什么东西？

Nín diūle shénme dōngxi?

닌 띠우러 션머 뚱시

여권을 잃어버렸습니다.

丢护照了。

Diū hùzhào le.

띠우 후자오 러

열차 안에 지갑을 두고 내렸습니다.

钱包丢在火车上了。

Qiānbaō diū zài huǒchē shàng le.

치엔빠오 띠우 짜이 훠처 상 러

180

365

주유·주차를 할 때

이 근처에 주유소가 있습니까?

这附近有加油站吗?

Zhè fùjìn yǒu jiāyóuzhàn ma?

쩌 푸진 여우 지아여우짠 마

가득 넣어 주세요.

请加满。

Qǐng jiā mǎn.

칭 지아 만

선불입니까, 후불입니까?

先付钱还是后付钱?

Xiān fùqián háishi hòu fùqián?

시엔 푸치엔 하이스 허우 푸치엔

여기에 주차해도 됩니까?

在这里停车也可以吗?

Zài zhèli tíngchē yě kěyǐ ma?

짜이 쩌리 팅처 이에 커이 마

주차장이 어디에 있습니까?

停车场在哪里?

Tíngchēchǎng zài nǎli?

팅처창 짜이 나리

186

365

통역과 한국어에 대해서

통역을 좀 부탁하고 싶은데요.
想拜托您翻译一下。
Xiǎng bàituō nín fānyì yíxià.
시앙 빠이퉈 닌 판이 이시아

어느 나라 말을 하십니까?
您说哪国语言？
Nín shuō nǎ guó yǔyán?
닌 쉬 나 꿔 위옌

그 식당에 한국어를 하는 사람은 있습니까?
那个饭店有会韩国语的人吗？
Nàge fàndiàn yǒu huì Hánguóyǔ de rén ma?
나거 판띠엔 여우 후이 한궈위 더 런 마

한국어로 쓰인 것은 있습니까?
有用韩国语写的吗？
Yǒu yòng Hánguóyǔ xiě de ma?
여우 융 한궈위 씨에 더 마

181

365

차가 고장 났을 때

배터리가 떨어졌습니다.
车没有电池了。
Chē méiyou diànchí le.
처 메이여우 띠엔츠 러

펑크가 났습니다.
轮胎抛锚了。
Lúntāi pāomáo le.
룬타이 파오마오 러

시동이 걸리지 않습니다.
车启动不了。
Chē qǐdòngbuliǎo.
처 치똥부랴오

브레이크가 잘 안 듣습니다.
刹车不灵。
Shàchē bù líng.
샤처 뿌 링

고칠 수 있습니까?
能修吗？
Néng xiū ma?
넝 씨우 마

185

365

말을 못 알아들을 때

천천히 말씀해 주시면 알겠습니다.
慢点说会明白的。
Màn diǎn shuō huì míngbai de.
만 디엔 숴 후이 밍바이 더

좀 더 천천히 말씀해 주세요.
请再慢点儿说。
Qǐng zài màn diǎnr shuō.
칭 짜이 만 디알 숴

당신이 말하는 것을 모르겠습니다.
您说的我不明白。
Nín shuō de wǒ bù míngbai.
닌 숴 더 워 뿌 밍바이

그건 무슨 뜻입니까?
那是什么意思？
Nà shì shénme yìsi?
나 스 션머 이쓰

좀 써 주세요.
请写一下。
Qǐng xiě yíxià.
칭 씨에 이시아

182

365

난처할 때

문제가 생겼습니다.

有问题了。

Yǒu wèntí le.

여우 원티 러

지금 무척 난처합니다.

现在很困难。

Xiànzài hěn kùnnán.

시엔짜이 헌 쿤난

무슨 좋은 방법은 없을까요?

没有什么好办法吗？

Méiyou shénme hǎo bànfǎ ma?

메이여우 션머 하오 빤파 마

어떻게 하면 좋을까요?

怎么办好？

Zěnmebàn hǎo?

쩐머반 하오

184

365

중국어의 이해

중국어를 할 줄 압니까?

会中国语吗?

Huì Zhōngguóyǔ ma?

후이 쭝궈위 마

중국어는 할 줄 모릅니다.

我不会说中文。

Wǒ búhuì shuō Zhōngwēn.

워 뿌후이 쉬 쭝원

중국어는 잘 못합니다.

中国语不怎么会。

Zhōngguóyǔ bù zěnme huì.

쭝궈위 뿌 전머 훼이

중국어로는 설명할 수 없습니다.

不会用中国语说明。

Búhuì yòng Zhōngguóyǔ shuōmíng.

부후이 융 쭝궈위 쉬밍

183

365

위급할 때

무엇을 원하세요?
需要我做什么?
Xūyào wǒ zuò shénme?
쉬야오 워 쭤 션머

시키는 대로 할게요.
我照您说的办。
Wǒ zhào nín shuō de bàn.
워 자오 닌 숴 더 빤

뭐야?
什么?
Shénme?
션머

가진 돈이 없어요.
没有钱。
Méiyou qián.
메이여우 치엔

잠깐, 뭐하는 겁니까?
等等，干什么呢?
Děngdeng, gàn shénme ne?
떵덩, 깐 션머 너